아줌마 기자,
낙남정맥에
도전하다

아줌마 기자, 낙남정맥에 도전하다

첫판 1쇄 펴낸날 2006년 10월 20일

지은이 이수경
펴낸이 강수걸
펴낸곳 산지니
등록 2005년 2월 7일 제14-49호
주소 부산광역시 연제구 거제1동 1493-2 효정빌딩 601호
전화 051-504-7070 | **팩스** 051-507-7543
sanzini@sanzinibook.com
www.sanzinibook.com
편집 김은경·권경옥 | **제작** 권문경
인쇄 대정인쇄

ISBN 89-92235-03-8 03980

값 13,000원

이 도서의 국립중앙도서관 출판시도서목록(CIP)은
e-CIP 홈페이지(http://www.nl.go.kr/cip.php)에서
이용하실 수 있습니다.(CIP 제어번호 : CIP 2006002159)

* 이 책은 문화관광부 지역신문발전위원회의 전국 지역신문 종합평가 결과 경남도민일보가 우선 지원대상으로 선정됨에 따라 지역신문 발전기금 지원으로 출판되었습니다.

낙동강에서 지리산까지 400km 낙남정맥 트레킹

아줌마 기자, 낙남정맥에 도전하다

이수경

산지니

책을 내면서

무모했지만 행복한 도전!

무모한 도전이었다. 평소 등산에 관심이 없었던 것은 아니지만 그토록 막무가내인 산길을 하루에 10여km씩이나 걸어야 하는 줄은 꿈에도 몰랐다. 아니 대수롭지 않게 생각했다. 튼튼한 다리와 건강한 체력을 부모님께서 주셨기에 그것만으로 용기를 냈다고 하는 편이 솔직하겠다.

한 가지 귀를 솔깃하게 한 것은 낙남정맥 종주 트레킹 자체가 경남 산하에 스며든 뒤안길을 찾아가는 여행이며, 환경 생태 문제를 환기시켜주는 목적성을 띤다는 점이었다. 물론 기존 전문 산악인들의 전유물이나 마찬가지였던 낙남정맥 종주를 일반인들도 참여할 수 있는 트레킹 코스로 개발하면 효과적이라는 김병곤 대장(종주팀 가이드)의 진지한 유혹에 빠진 측면도 없지 않다.

낙남정맥 종주 트레킹은 무더위가 기승을 부리는 한여름 날 시작됐다. 가당찮은 체력으로, 준비되지 않은 몸으로 종주 길에 오른 나는 첫날부터 기진맥진했다. 하마터면 1구간에서 탈진해 트레킹을 시작하자마자 종주를 끝낼 뻔했다. 영화 속에서나 나올 법한 길 없는 길과 능선을 타면서 빨치산 흉내를 내보기도 하고, 야생화에서 흠씬 풍기는 향기에 취해 정맥의 아름다움을 만끽하기도 했다.

낙남정맥 마지막 지점인 지리산 영신봉까지 가는 근 10개월 동안 나는 산을 타는 즐거움에 푹 빠져 살았다. 그도 그럴 것이 신문사에서 생활한 지 꽤 오래 됐지만 개인적으로 이렇다 할 이슈 없이 다람쥐 쳇바퀴 도는 시간을 보내고 있던 터였다. 때문에 일상에서 벗어나 격주로 낙남정맥에 오르다보니 몸도 자연히 건강해지고 정맥꾼들과 동료의식도 생기면서 점차 정맥 종주에 재미를 붙이며 트레킹에 익숙해지게 됐다. 낙남정맥 20구간을 마치고 나서는 뿌듯함과 함께 보람도 느껴졌다.

전 구간을 트레킹하는 동안 참가자들도 많았지만 첫 구간부터 마지막 구간까지 한 번도 빠짐없이 온전히 낙남정맥을 탄 사람은 나와 사진기자(김석봉 씨) 둘 뿐이었다. 30대 초반으로 그나마 체력이 튼튼할 때이기도 했지만 지금 생각하면 정말 뜻 깊은 산행을 했구나 싶다.

낙남정맥 트레킹은 내게 커다란 위안을 주었다. 낙남정맥 기를 받아서일까. 현재도 웬만한 어려움은 견딜 수 있을 만큼 무장이 돼 있다. 정맥에서 겪은 일들을 반추해보면 오히려 낙남정맥 트레킹은 끊임없이 내 생활의 위안이 되고 있다. 정맥을 타본 이들만 알 수 있는 자신감이리라.

낙남정맥 종주 트레킹을 끝내고 책을 내라는 제안이 심심찮게 들어왔었다. 그러나 출판은 아무나 하는 것이 아니라고 여겼다. 전문 산악인도 아닌데 낙남정맥 종주와 관련된 책을 낸다는 게 낙남정맥과 낙동정맥, 백두대간 등을 타고 있는 산악인들에게 누가 될 지도 모른다는 막연한 두려움이 앞섰다.

5년이 흐른 지금, 신문에 실었던 기사를 토대로 책을 내려고 용기를 낸 것은 출판지원의 기회가 생겨서이기도 하지만, 낙남정맥을 같이 밟았던 사람들에 대한 추억을 오롯이 간직하고픈 바람이 간절해서다. 또 낙남정맥을 트레킹 코스로 개발할 수 있는 방안을 찾고, 아직도 정맥을 타고 있는 많은 사람들에게 조금이나마 길잡이가 돼주기 위해서다. 후세에 낙남정맥의 소중함을 알려주려는 마음도 담았다.

낙남정맥 종주 트레킹 기획물을 던져준 김병곤 대장에게 가장 고

맘다. 대한산악연맹 경남연맹 회원이지만 솔로등반을 추구하는 김 대장은 낙남정맥을 환경적·관광적 차원에서 다시 생각하게 만들어 준 분이다.

기획기사를 써보자고 부추겼던 황원호(전 경남도민일보 기자) 씨, 김병곤 대장의 빈 자리를 도맡아준 송재득 대장, 정맥 가이드 오우택 씨, 낙남정맥 종주에 대거 참여해 준 경남도의회 팀, 그 외 단골 정맥꾼 정영오 씨와 강정철 씨 등 낙남정맥을 함께 탔던 모든 분들께 감사드린다. 책 발간을 앞두고 도움말을 주신 거제우정알파인클럽 회원들에게도 인사를 드린다.

낙남정맥 종주를 시작해놓고 힘듦을 호소할 때마다 격려를 아끼지 않았던 남편 정학구 씨의 고마움도 빼놓을 수 없다. 그리고 낙남정맥 종주 트레킹을 맘 편히 할 수 있도록 격주 일요일마다 건강이 좋지 않으면서도 힘들다는 말씀 한 번 않고 어린 보명이와 명철이를 돌봐주셨던 우리 엄마 노옥순 씨 영전에 이 책을 바친다.

2006년 10월
이수경

차례

책을 내면서 _ 무모했지만 행복한 도전!

첫째걸음 아! 낙남정맥

낙남정맥이란 15
낙남정맥 종주 트레킹의 목적 16
낙남정맥 종주 트레킹, 누구나 할 수 있다 18
가이드 김병곤 씨의 도움으로 트레킹 시작 20
낙남정맥 선답자와 후답자들 21
낙남정맥에 올라보니 24

둘째걸음 낙남정맥 트레킹 구간

김해 구간(1~3구간) 씩씩하게 첫 발을 내딛다 28
창원 구간(4~5구간) 억새 너울대는 가을산에 흠뻑 취하다 60
마산 구간(6~7구간) 누구도 예측하지 못한 실패 80
함안 구간(8~10구간) 크리스마스이브를 낙남정맥에서 104
고성 구간(11~13구간) 함박눈을 밟으며 산토끼와 함께 132
사천 구간(14~17구간) 진달래 물결 타고 오르는 능선 162
하동 구간(18~19구간) 연둣빛 출렁이는 4월을 보것네 194
지리산 구간(20구간) 드디어 지리산 영신봉이다 212

셋째걸음 낙남정맥 종주 대장정을 마치고

9개월간의 종주를 결산하며 222
지리산 영신봉에서 낙남정맥 대장정 마쳐 226
정맥꾼의 말.말.말 229

아! 낙남정맥

첫째 걸음

'산은 물을 건너지 못하고 물은 산을 넘지 않는다'는 산자분수령(山自分水嶺)에 따라 정맥을 오르다보면 산산조각 나 신음하는 정맥의 모습을 뼈저리게 느끼게 된다.

낙남정맥 트레킹 구간

- ■ **김해 구간**　1구간 | 김해 고암마을 – 동신어산 – 생명고개
　　　　　　　　2구간 | 신어산 – 나밭고개
　　　　　　　　3구간 | 나밭고개 – 덕암공원묘지
- ■ **창원 구간**　4구간 | 김해 영락공원묘원 – 창원 대암산
　　　　　　　　5구간 | 창원 대암산 – 용강검문소(신풍고개)
- ■ **마산 구간**　6구간 | 신풍고개 – 마산 두척육교
　　　　　　　　7구간 | 마산 두척육교 – 쌀재고개
- ■ **함안 구간**　8구간 | 마산 쌀재고개 – 갈밭골(서북산 아래)
　　　　　　　　9구간 | 함안 서북산 – 함안 오곡재
　　　　　　　　10구간 | 함안 오곡재 – 발산재
- ■ **고성 구간**　11구간 | 발산재 – 남성치
　　　　　　　　12구간 | 고성 남성치 – 장박고개(1009번 지방도)
　　　　　　　　13구간 | 1009번 지방도 – 고성 절골
- ■ **사천 구간**　14구간 | 고성 절골 – 돌장고개
　　　　　　　　15구간 | 돌장고개 – 6번 국도
　　　　　　　　16구간 | 진주 화동(6번 국도) – 2번 국도
　　　　　　　　17구간 | 2번 국도 – 155m봉(원전마을 아래)
- ■ **하동 구간**　18구간 | 사천 곤명(밤재) – 하동 청암 돌고지재
　　　　　　　　19구간 | 하동 청암 돌고지재 – 고운재
- ■ **지리산 구간**　20구간 | 고운재 – 지리산 영신봉

낙남정맥 전구간 개념도

낙남정맥은

경남에서 시작해 경남에서 끝나는 유일한 정맥으로, 이 정맥을 중심으로 경남의 문화가 확연히 구분되고 이 정맥에서 뻗어 내린 물줄기를 따라 경남사람들이 살고 있다. 그러나 낙남정맥은 현재 무관심하게 방치돼 있고 시나브로 맥을 잃어가고 있다.

경남도민일보는 이 맥을 찾아 보존하기 위해 2000년 8월부터 2001년 5월까지 1년여에 걸친 '낙남정맥 종주 트레킹'을 마련했다. 우리 선조가 걸었던 '낙남정맥 종주 트레킹'을 떠나기에 앞서 낙남정맥이 무엇인지, 왜 낙남정맥의 숨결을 찾아 나서려고 했는지, 낙남정맥 종주 트레킹 준비과정을 살펴보기로 하자.

낙남정맥이란

　우리 고유의 지리서인 『산경표를 위하여』에는 우리나라 산줄기를 1대간 1정간 13개 정맥으로 나누어 놓았다. 1대간은 백두산에서 지리산에 다다르는 백두대간이고, 1정간은 백두간상의 설령봉에서 두만강 하구의 서수라곶까지 이르는 장백정간이다.

　낙남정맥은 청북정맥, 청남정맥, 해서정맥, 임진북예성남정맥, 한북정맥, 한남금북정맥, 한남정맥, 금북정맥, 금남호남정맥, 금남정맥, 호남정맥, 낙동정맥과 함께 13개 정맥에 속한다.

　낙남정맥은 남해와 내륙을 구획하는 산줄기로, 낙남정맥을 기준으로 동쪽에는 낙동강, 서쪽엔 섬진강, 남쪽으로는 남해, 북쪽으로는 남강과 낙동강이 흐른다.

　낙남정맥의 시작점은 김해 낙동강이며 종착점은 백두대간의 시작점인 지리산이다. 낙동강 하구를 지키는 분산(盆山)에서 시작하여 대암산(655m), 구룡산(434m), 무학산(763m), 여항산(744m), 대곡산(543m), 옥산(614m)을 거쳐 지리산에서 끝난다.

　북쪽으로 줄곧 낙동강을 받드는 낙남정맥은 남부해안지방의 분계선으로 생활문화와 식생, 특이한 기후구를 형성시키는 중요한 산줄기이다.

　소설가 정동주 씨에 따르면 낙남정맥 위 지역(진주 함양 산청 합천 의령 창녕 밀양 양산)은 양반문화권에 속하고, 정맥 아래 지역(마산 창원 진해 김해 통영 거제 남해 사천)은 천민문화권에 속한다. 정서도 위쪽은 여유 있고 깊이 생각하는 성정인데 반해 아래쪽은 거칠고 조급하고 시끄럽다. 그러나 위쪽은 서울식도 지방식도 아닌 이중적인 문화가 많고, 아래쪽은 도전적이고 진취적이며 독창적인 문화가 형성되었다.

낙남정맥을 정확히 알고 나면 경남의 문화가 저절로 습득되고, 왜 낙남정맥이 중요한지를 실감하게 될 것이다.

낙남정맥 종주 트레킹의 목적

지금까지 낙남정맥을 종주했던 사람들, 그리고 현재 낙남정맥을 밟고 있는 사람들은 대부분 전문 산악인이나 낙남정맥 등반에 관심이 있는 개인, 낙남정맥을 취재하기 위해 능선을 탄 이들이다.

그러나 이들은 오직 낙남정맥을 종주하는 데만 목적을 두고 있다. 출발 지점부터 능선 곳곳에 리본을 매달아 그들의 발자취를 남겼다 해도 사람들에게 경종을 울리거나 '낙남정맥 드러내기'에 커다란 도움을 주지 못한 것이 사실이다.

'낙남정맥 종주 트레킹'은 종주 그 자체에 비중을 두어 새로운 (정확한) 지리도를 만들고 낙남정맥에서만 볼 수 있는 야생화를 음미하는데 의미가 있지만, 더 큰 목적은 시작점조차 제대로 알아보기

어려운 낙남정맥을 처음부터 끝까지 일반인들 누구나 밟아볼 수 있도록 관광 루트를 개발한다는 데 있었다.

따라서 경남도민일보 낙남정맥 종주 트레킹 팀은 낙남정맥 출발점에 시작점 표지판을 세우고, 마루를 따라 걸으면서 쉬어갈 수 있는 쉼터 표시 등을 했었다. 관광 루트로 낙남정맥이 개발되면 일반인뿐만 아니라 청소년, 회사 등 단체 트레킹 코스로도 아주 좋으며, 경상남도 주요 관광 루트로 공식화되면 상당한 수익을 올릴 수 있는 관광 상품으로도 손색이 없다.

낙남정맥을 찾아나서는 데 중요한 원칙이 될 '산은 물을 건너지 못하고 물은 산을 넘지 않는다'는 산자분수령(山自分水嶺)에 의거해 정맥을 오르다보면 산산조각 나 신음하는 정맥의 모습을 뼈저리게 느끼게 된다. 경남의 맥을 이어 온 낙남정맥이 위기에 놓여있음에도 불구하고, 잘 몰라서 정맥을 자르게 되는 환경파괴의 현장을 친환경적 차원에서 사실적으로 보도하는 것이 두 번째 목적이었다. 이는 환경복원과 함께 앞으로 환경파괴를 방지하는 굉장히 중요한 문제다.

낙남정맥의 관광 루트 개발 측면과 구간별로 정맥의 능선을 타면서 보이는 아름다운 경남의 자연경관은 정맥을 타고 난 뒤 경남도민일보 레저면에 소개했으며, 환경 고발은 사회면에 시리즈로 실렸다.

그동안 낙남정맥에 대해 전혀 알지 못했던 일반 사람들에게 낙남정맥을 알리는 한편 경남 사람이면 누구나 한 번쯤 쉽게 가볼 수 있는 트레킹 코스로 낙남정맥이 각광받기를 여전히 기대하고 있다.

낙남정맥 종주 트레킹, 누구나 할 수 있다

'낙남정맥 종주 트레킹'에는 걷는 데 자신이 있는 사람은 누구나 참여할 수 있다. 다소 산마루를 따라 오르락내리락하는 힘듦이 있겠지만 도전과 모험심이 가득한 이들이라면 꼭 한번 정맥을 밟아보기를 권한다.

트레킹에 참여하려면 먼저 준비할 사항이 있다. 긴팔 옷과 면바지, 목수건, 등산화, 장갑 등을 갖추고 잡목과 덤불의 진로방해에 대비하여 챙이 있는 모자를 챙겨야 한다. 점심은 물이 필요치 않은 행동식이나 주먹밥, 또는 짭짤하면서 국물이 흐르지 않는 음식을 여유 있게 준비하고, 개인용 물과 걸으면서 먹을 수 있는 땅콩류를 넣어가면 좋다. 그리고 지도와 함께 나침반을 준비해야 한다.

2000년 당시 낙남정맥 종주 트레킹에서는 주도하는 가이드가 있었지만 낙남정맥을 찾아가는 것은 참가자 모두가 함께 해야 할 일이었다.

정맥 트레킹을 할 때 안전을 대비해서 각 구간별로 대한산악연맹 경남연맹 소속 자원봉사 산악구조대 2~4명을 배치해두고 있었다.

낙남정맥 종주 트레킹은 걷는 데 자신이 있는 사람이면 누구나 참여할 수 있다.

낙남정맥 종주 트레킹 팀은 가이드 김병곤 씨(후반 14구간부터는 송재득 씨로 가이드가 바뀜)와 문화, 체육, 사진부 기자 3명이 고정멤버였고 구간별로 참석인원과 참석자가 달라졌다. 트레킹 시간은 구간별로 다르지만 보통 한 구간마다 7~9시간 정도 걸렸다. 격주마다 1구간씩(총 20구간) 10~14km 정도를 걸어 하루만에 트레킹을 마쳤으며, 마지막 코스는 1박 2일 여정으로 짰다.

2000년 8월 6일 출발한 1구간은 낙동강변로인 김해시 대동면 덕산리 고암마을, 공사트럭이 1분마다 지나는 먼지 덮힌 길가에서 숲을 헤치며 시작했다. 코스는 동신어산을 거쳐 522.2m봉~생명고개~신어산~364.1m봉~영운이고개로 이어졌다. 영운이고개에서 하산하면 김해컨트리클럽 부근에 도달하게 된다.

가이드 김병곤 씨의 도움으로 트레킹 시작

"홀로 낙남정맥을 10구간 이상 밟으면서 과연 경남의 맥을 형성하는 낙남정맥이 이렇게 방치돼서야 되겠나 하는 생각에 이번 기획을 구상하게 됐습니다. 길도 길이지만 정맥들이 잘린 모습을 볼 땐 가슴이 미어집니다."

가이드 김병곤(43) 씨는 낙남정맥에 갖는 애착이 남달랐다. 기존 산악인들이 무수히 낙남정맥을 밟았지만 발상의 전환이 없었기에 전문 산악인들에게만 알려지는 낙남정맥으로밖에 인식되지 못하고 있다고 그는 단언했다.

낙남정맥 종주 트레킹을 이끈 김씨는 중학생 때부터 산을 탄, 산과 함께 삶을 살아온 사람이다. 일본을 오가며 관광사업에도 관심을 가져 온 김씨는 경상남도에서 낙남정맥을 관광루트로 개발하면 국내 관광객뿐 아니라 일본 관광객을 많이 끌어들일 수 있다고 자부했다.

김씨 개인적으로는 낙남정맥 종주 트레킹 외에 2000년까지 89회 등반한 '동계 한라산 100회 등반'도 목표로 하고 있었다. 대한산악연맹 경남연맹 회원으로 소속돼 있으나 그는 오로지 솔로 등반을 추구하는 산악인이다. 2006년 10월 현재 김씨는 호주에서 호텔경영 공부를 하고 있다.

낙남정맥 선답자와 후답자들

경남도민일보 낙남정맥 종주 트레킹 팀이 잰 정맥의 길이는 약 231km(도상거리). 실제 산행거리는 400km가 훨씬 넘는다. 정맥의 평균해발은 300m가량이나 서북산, 여항산, 무학산, 용지봉 등은 700m를 삼신봉, 영신봉은 1,000m를 넘는다. 정맥을 가로막는 도로와 철길은 40~50여 개이다.

낙남정맥을 종주하는 동안 수없이 많은 선답자들을 표지기로 만났다.

낙남정맥을 종주하는 동안 수없이 많은 선답자(단체, 개인 등)들을 표지기로 만났다. 낙남정맥 종주 붐은 지난 1995년부터 일기 시작한 것으로 보인다.

표지기로 보아 2000년 당시 우리 트레킹팀보다 먼저 낙남정맥을 밟은 팀은 운봉산악회, 명승산악회, 건건산악회〈사람과 산〉, 함일용 씨, 망월산악회, 개인택시A조산악회, 하이텔부경산사랑연합회, 이기선 씨, 마산 김태열 씨, 함안 함주산악회, 부산목우회, 마산 천수배 진희자 씨, 부산 석봉산악회, 부산 큰줄기산악회, 포철 백호산악회, 부산일보 낙남종주취재팀, 박찬성 씨, 한울산악회, 부산 한국등산클럽, 그린새천년산악회, 우정산악회, 마산 죽암산악회, 남국철 씨, 순천 나도산악회, 종로구청 산악회 등 30여 개에 달했다. 이외에 인터넷상에 낙남정맥 종주기를 올려놓은 거인산악회 등 5여 개 팀이 있었다.

마지막지점인 영신봉에서 만난 이학근, 정장화 씨처럼 표지기도 달지 않고 정맥을 타고 있는 이들도 많은 것으로 분석된다. 이학근 씨는 "경남도민일보 표지기(현재는 표지기가 거의 사라짐)가 많은 도움이 됐다"며 "산세와 지리, 정맥에 핀 야생화를 세세히 기록했다"고 말했다.

창원 희말라얀등산클럽 백대흠 사장은 당시 혼자서 경남도민일보 표지기를 확인하고 정맥을 연구하면서 능선을 밟기도 했다. 그 무렵 백 사장은 "개인적으로 백두대간에서 분리된 정간이 장백정간과 낙남정간 두 개인 것으로 생각하고 있다"며 "현재 진주구간을 지나고 있는데 『산경표』에 따른 원칙을 토대로 물을 건너지 않고 정확한 능선을 찾아간 팀과 그렇지 않은 팀이 보인다. 원리에 맞춰 물길과 능선을 파악하는 것이야말로 낙남정맥을 이해하는 길"이라고 밝힌 바 있다.

    2006년 현재 낙남정맥을 타는 등산 팀은 너욱 많아졌고, 최근에는 거제우정알파인클럽이 10구간으로 나눠 정맥을 밟고 있다.

낙남정맥에 올라보니

    경남에서 시작해 경남에서 끝나는 유일한 정맥이며, 경남지역 사람들의 정기가 품어져 나오는 낙남정맥 종주 트레킹을 시작했다.

    그러나 가뿐하게 등산하는 기분으로 낙남정맥을 올랐던 것이 잘못이었다. 낙남정맥의 첫 구간인 낙동강변 암벽에서 생명고개까지는 열 개의 봉우리가 있었으나 초보들은 어느 지점이 봉우리인지조차 알 수가 없을 정도로 산세를 모르는데다 오르락내리락하는 능선이 굉장히 발을 힘들게 했다. 항상 산을 바라보며 산의 초록 옷과 단풍에 감동하면서도 진정 산의 성질을 음미한 적은 한 번도 없었던 것이다.

    정맥을 따라 펼쳐지는 우리 고장의 아름다운 모습과 산자락 아래 어떤 문화가 숨쉬고 있는지 우리는 너무 간과하며 살고 있다. 계절마다 피어나는 야생화도 제대로 모르고, 갖가지 야생화를 보아도 그것들의 이름 하나 정확히 아는 것이 별로 없었다. 경남에 살면서 경남을 이렇게 모르다니. 트레킹을 하는 동안 반성과 뿌듯함이 교차했다. 영원히 모를 뻔했던 일들을 소중히 간직할 수 있게 됐다는 것과 지역문화에 너무 무관심했다는 점이다.

기존 산악회 회원이나 전문 산악인들이 낙남정맥을 지나갔다고 리본으로 표시를 해놓았다. 그러나 길(정맥) 자체를 지나가는 것이 뭐 그리 대단한 일이겠는가. 가슴으로 느끼지 않고 결과에 집착한다면 단시간 내에 마음먹고 정맥을 걸으면 될 것을.

일반인들이 걸을 수 있는 길이 되도록 낙남정맥을 대중화시키는 작업이 중요하다. 정글을 걷듯 키 큰 잡목을 헤치며 가야 하는 낙남정맥을 등산로도 있고 체육공원도 있고, 봉우리마다에서 낭만을 만끽할 수 있는 관광 트레킹 코스로 만들 날을 기다려본다.

낙남정맥 트레킹 구간

김해, 창원, 마산, 함안, 고성, 사천, 하동 등 도내 주요 지역을 지나며 만난 정맥에 사는 사람과의 정겨운 얘기와 정맥꾼들과의 뜨거운 정은 인생의 굵직한 추억으로 남게 됐다.

둘째 걸음

씩씩하게 첫 발을 내딛다
김해 구간 [1~3 구간]

트레킹 l 구간 [7.4km]

|2000년 8월 5일|
김해 고암마을 – 동신어산 – 522.2m봉 – 생명고개

낙동강변에 있는 김해시 상동면 덕산리 고암마을 곡각지점(북위 38도 18분 533초, 동경128도 58분 845초) 메리2교 입구. **도저히 길이랄 수 없는 암벽이 낙남정맥 첫 시작점이다.** 제 1구간은 처음 계획하기로는 이곳에서 출발해 신어산을 거쳐 영운이고개까지 도상 거리가 11.7km였다. 그러나 직접 산행을 해보니 초보자들에겐 신어산까지가 적절한 것 같다. 더욱이 여름산행이라 물과 체력이 많이 손실되면서 생명고개와 탕건바위 사이의 임도로 하산해 김해 장

척계곡을 따라 내려왔다. 이렇게 코스를 잡아도 실제 산행거리는 10km 정도(도상거리 7.4km) 된다.

27명의 트레킹 팀은 겁 없이(초보), 또는 야생적(전문인)으로 야산 바위에 자란 잡풀들을 제치며 혈기왕성하게 첫 발을 내디뎠다. 여름 산이라 눈앞은 진초록 성찬이 펼쳐졌다. 이름모를 새들의 청량한 노랫소리는 오전 8시 30분의 시간을 더욱 아름답게 만든다. 이름이 있는 첫 봉우리는 낙남정맥 개념도에서 보면 동신어산(459.6m)이다. 그러나 동신어산에 가기 전에 봉우리를 2개 지난다. 트레킹 팀은 쏜살같이 산 정상을 향했다. 아들(15)과 함께 참가한 김부곤(46) 씨와 국민연금홍보요원인 이희숙(39) 씨는 가이드 김병곤 씨의 등에 붙다시피 한 걸음도 물러서지 않는다. 참가한 팀원들은 대부분 낙남정맥을 처음 탄다고 했지만 평상시 등산을 자주 하며 체력을 다져왔던 터라 어렵지 않게 능선을 찾아 올랐다. '야, 정말 사람들이 많이 다니지 않는 길이구나.' 낙남정맥을 오르며 느낀 첫 감정이다. 계속 오르막길을 오르면 나무 사이사이로 햇빛이 비친다. 정상이 가까워진다는 신호다.

후발대에 끼이면 나중에 힘들다는 생각에 무턱대고 앞서 산행을 재촉했던 초보자들은 체력이 달려 완전히 후발대로 밀렸다. 챙이 없는 모자가 없이는 키를 넘지 않는 나무들을 비집고 들어가기가 어렵

첫 구간을 오르기 전 설레는 마음으로 포즈를 취한 정맥꾼들

다. 장갑이 없이는 풀에 베이기 일쑤다. 등에 맨 배낭은 처진 어깨를 더욱 압박한다. 동신어산도 못간 후발대는 동신어산에 닿기 전인 첫 봉우리에서 기진맥진했다. 10시 무렵이었다. 그래도 선발대가 묶어놓고 간 노란 리본이 반가웠다.

'산자분수령'의 원칙에 따라 낙남정맥이 있다고 했다. 과연 그랬다. 물이 없었다. 목이 말라 준비해간 1.5ℓ짜리 물 두 병을 금세 비워버렸다. 나중에 물이 없으면 안 된다고 후발대 가이드 송재득(37)씨가 충고해도 '당장 물을 안 먹으면 못가겠다는 것'이 솔직한 심정이었다.

동신어산을 가려면 다시 내리막길을 갔다 오르막길을 올라야 한다. 두 번째 봉우리(P2, 39쪽 구간 지도 참조)에서 남동방향으로 140도 틀어져 올라가며 좀 가벼운 코스다. 동신어산까지는 낙동강을 따라 평행하게 가면서 주변 경관을 조망하기 좋다. 원동 천태산과 물금역, 양산 원효산 등이 시야에 들어온다. 동신어산 정상에 다다라 심호흡을 크게 하면서 지친 어깨를 추스른다. 무더위 산행은 정상에 올라 경치를 즐기며 능선을 걸을 때 햇볕이 너무 따가워 오히려 산속에 숨어 걷는 것이 낫다.

동신어산(P3)에서 생명고개(P11)까지 가는 데는 봉우리를 일곱 개 거친다. 차라리 능선을 따라 계속 걷는 것이 낫지 능선과 재를 오르락내리락 해야하는 것은 힘겨운 투쟁이다. 522.2m봉(P8)에 도착하기 전 선발대는 522.2m봉에서 점심식사를 마치고 신어산을 향한다고 무전연락이 왔다. 오후 3시. 후발대는 그제서야 동신어산과 522.2m봉 사이 숲에서 도시락을 꺼냈다. 먹히지가 않았다. 오로지 물만 먹고 싶었다.

P4 지점부터 낙남정맥 본줄기로 접어들고, 수풀이 무성하여 길 찾기가 어렵다. P5까지는 긴 오르막이고 P5정상 입구에서 북서빙향으로 330도 급선회해야 P6으로 향한다. 무작정 앞서간 팀들의 깃발을 따르면 대동면 백두산으로 빠지게 된다. P6 정상에서 서쪽으로 방향을 틀어 직진하다 P7정상에서 북서방향으로 다시 330도 급선회한다. P9까지 오르면 내리막길만 있다. 다음 봉우리는 생명고개다. 왜 생명고개일까. 1구간에서 가장 높은 신어산(630.4m)까지 가려면 생명을 걸어야 한다는 건가. **신어산은 너무 멀었다. 이젠 올라가거나 평지를 걷는 게 좋지 내리막길은 두려웠다.** 또다시 그만큼 올라와야 한다는 중압감에 시달려야 했다.

그래도 생명고개로 가는 길엔 보라색 야생화가 하나 둘 생기를 불어넣어주었다.

"버려진 사막에도 꽃은 핀다. 나는 오늘 하루를 살았다. 한 뼘 그늘 찾아 몸 숨기고 이슬 받아 마시며 모래 언덕에 뿌리내렸다.(중략) 삶은 신 앞에 엎드리듯 절대 절명의 힘 모아 오체투지하여 살아내는 것. 결승점까지 기어서라도 가야 한다." – 최춘희의 「종이꽃8」 중에서 생명고개 중턱에서 결국 물이 모자라 탕건바위에 못미쳐 난 임도로 내려왔다. 임도를 가로질러 P10으로 진입해 생명고개까지는 내리막길이다. 물을 구할 수 있는 곳은 오직 이 생명고개뿐이다. '이름턱'을 하는가보다.

생명고개 가는 길에 핀
보라색 도라지꽃이 생기롭다.

'부자(父子)의 피서법'

왜 힘들여 산에 오르느냐고 흔히들 묻지만 힘겹게 산에 올라 정상에 섰을 때 가슴이 확 트이는 느낌은 형언할 수 없다.

김부곤(46 · 마산시 회원구 내서읍) 씨는 2000년 8월 5일 아들 종무(15 · 중학생) 군과 여름 피서방법으로 낙남정맥을 선택했다.

매주 무학산, 정병산 등을 오르는 김씨는 둘째아들 종무 군이 초등학교 때부터 태백산, 지리산 천왕봉, 창녕 화왕산, 관룡산 등 제법 높은 산들을 함께 올랐다. 당시 낙남정맥 종주에 종무 군이 한번 도전해보겠다고 해서 부자가 참여하게 된 것이다.

종무 군은 어쩌면 컴퓨터에 묻혀 지낼 뻔한 방학을 또래 친구들과는 색다른 시간으로 보냈다.

"낙남정맥을 오르는 것은 이번이 처음인데, 처음 오를 때는 너무 힘들었습니다. 근데 자꾸 가다보니까 끝까지 가야겠다는 생각이 들었습니다. 뭐든지 할 수 있다는 자신감도 생깁니다. 전 구간에 참여해 완전히 종주할 것입니다."

김부곤 씨는 산의 순수함에 반했다. 또 힘들면 쉴 수도 있고 경제적인 등산을 누구에게나 권한다. 왜 힘들여 산에 오르느냐고 흔히들 묻지만 힘겹게 산에 올라 정상에 섰을 때 가슴이 확 트이는 느낌은 형언할 수 없다.

"어떤 산을 오르든지 산허리가 잘린 모습을 종종 보게 됩니다. 자연과 더불어 생활하는 것이 중요한 것을 아이에게 깨닫게 하고, 아이가 성인이 됐을 때 보고 자랐던 환경훼손에 대한 부분을 인식해 올바른 가치관을 갖는다면 더욱 좋겠죠"라는 김씨는 낙남정맥 종주를 기획해준 경남도민일보에 감사를 표하면서 청소년과 일반인들에게 인내력을 키워주는 데 등산만큼 좋은 것이 없다고 강조했다.

트레킹 1구간 관광루트

낙남정맥 시작점은 김해시 상동면 고암마을 곡각지점이다. 이곳에 낙남정맥을 먼저 거쳐 간 이들의 리본이 걸려 있지만 관광루트로 개발하려면 '이곳이 낙남정맥의 시작점이다' 라는 표지판이 있어야 한다.(이 표지판은 실제 경남도민일보가 돌을 소재로 만들어 낙남정맥 종주 트레킹을 하는 동안 세워졌다)

1구간(낙동강변~생명고개)은 처음 시작점이 야산으로 돼 있어 초보 등산객들은 엄두가 나지 않을 수도 있다. 고암마을 곡각지점에서 대동면 쪽으로 조금 가면 사람들의 흔적이 많이 묻어있는 곳이 오히려 시작점으로 적합하다.

낙남정맥을 오르며 가장 많이 느낀 것은 일반인들이 등산코스로 정하기엔 잡목이 너무 무성해 나아갈 길을 찾기가 힘들다는 점이다. 해당 시나 도에서 잡목을 제거하는 일만 해 줘도 등산객에게 큰 도움이 될 것이다.

정맥을 타기 시작해 첫 봉우리와 둘째 봉우리 사이는 가벼운 등산코스로 잡을 수 있는데, 능선에 올라서면 낙동강과 평행하게 가는 동신어산까지 왼쪽으로 양산 물금의 모습과 물금역 등이 어렴풋이 눈에 띄고, 오른쪽으로는 정맥에 들지 않는 산세를 감상할 수 있다. 능선에 올라 관광코스로 개발할 수 있는 것은 야생화 군락지다. '닭의장풀' 이라는 야생화가 능선을 따라 쭉 피어있다.

동신어산에서 522.5m봉까지 가는 길은 수풀이 무성하여 길 찾기가 더욱 힘들다. 잡목 제거 작업이 필요하고, 522.5m봉에 다다르기 전 봉우리를 찾을 때 초보 등산객들은 방향을 잃기가 쉬우므로 특별히 방향이 필요한 지점에선 '북서방향으로 330도 급선회하시오' 등

1구간은 처음 시작점이
야산으로 돼 있어 초보 등산객들은
엄두가 나지 않을 수도 있다.

낙남정맥을 쉽게 찾는 길을 봉우리에 표시해 놓는 것이 필요하다. 긴 오르막이 있는 곳은 봉우리 '정상까지 몇 미터가 남았다'는 안내판도 있어야 한다. 무작정 정상을 향해 오르는 것과 거리를 짐작해 마음을 다잡고 오르는 것과는 정신적 인내력이 다르기 때문이다.

522.5m봉을 지나 생명고개까지는 도라지꽃 향연이 펼쳐진다. 수풀 속에 환상적으로 등산객을 유혹하는 도라지꽃은 흔하지만 산에서 만날 땐 또 다른 여운을 남긴다. 이 지점에 도라지꽃 관찰학습체험 등의 프로그램을 마련하면 좋을 듯하다. 시중에서 비싸게 파는 영지버섯도 즐비하다. 여름철엔 간간이 살모사도 나오므로 '살모사 요주의'라는 표지판도 세우면 좋겠다.

생명고개에서 임도로 내려서기 전쯤 '임도까지 0km' 등 안내판도 필요하다. 생명고개까지 가는 푯말과 생명고개에선 '낙남정맥 1구간 끝 지점'이라는 표시도 해주어야 처음 산행을 하는 이들이 편리하겠다.

1구간에서 쉬어갈 곳은 별로 없다. 때문에 각자 물을 넉넉히 준비해야 한다. 굳이 쉼터로 잡는다면 동신어산에서 522.5m봉으로 가는 길에 김해시 선무동(물길과 가장 근접해 있는 곳) 쪽으로 물을 구할 수 있는 곳을 개발해야 한다. 이 지점 쯤 약수터를 만들어두면 점심도 먹고 휴식을 취할 수도 있겠다.

낙남정맥 트레킹 구간 지도

트레킹 1구간 [7.4km]
김해 고암마을 – 동신어산 – 522.2m봉 – 생명고개

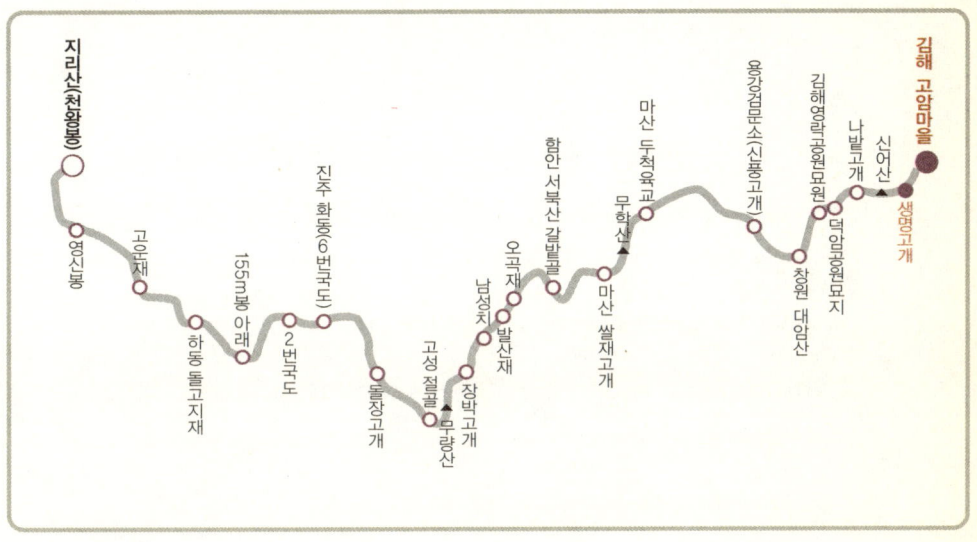

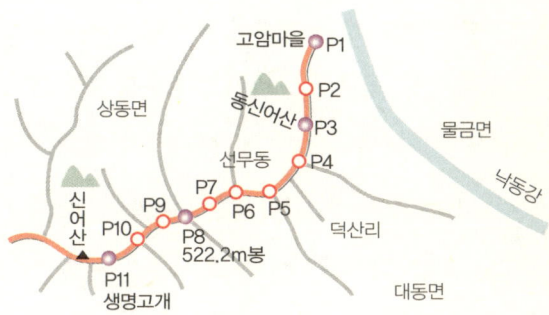

트레킹 2구간 [6.8km]

|2000년 8월 19일|
신어산 – 364.1m봉 – 영운이고개 – 나밭고개

이 여름풀의 환장할 냄새. 뜨거운 햇볕이 내리쬐는 것보다 곧 소나기라도 퍼부을 것만 같은 구름 낀 날씨가 풀 향기를 더 발하게 하는가 보다.

신어산 봉우리가 나무 숲 사이로 언뜻언뜻 보였다 사라진다. 약간씩 몸의 리듬을 타면서 산을 오르는 동안 신어산이 간직하고 있는 이야기들이 떠오른다.

"신어산의 '신어' 는 무슨 뜻이죠?"

일행 중 한 사람이 의문을 품은 탓이다.

신어산(神魚山)은 가락국 초기에 세워진 고찰 은하사를 품에 안고 있다. 가락국 수로왕비인 허황옥의 오빠 장유화상이 인도로부터 불교를 전래하여 '신어산' 이라 이름 지었다고 전해진다.

허황옥은 야유타국(지금의 인도)의 공주로 1949년 전 가락국에 도착, 김수로왕과 결혼하여 왕비가 되었다. 〈삼국유사〉에는 공주의 일행으로 이름이 밝혀진 사람은 신하 신보와 그의 처 모정, 또 다른 신하 조광과 그의 처 모량뿐이고, 나머지 사람은 이름이 나와 있지 않다. 그러나 김해 은하사 취운루 중수기에는 왕비의 오빠가 '장유화상'이라고 적혀 있다.

장유화상은 가락국에 상륙하자마자 곧바로 김해 장유면 용지봉 계곡으로 들어가 장유암을 짓고 불교를 전파했으며, 신어산의 은하사와 무척산의 모은암을 지었다고 한다.

허황옥 설화는 믿거나 말거나한 얘기일 수도 있다. 그러나 인도 갠지스 강 중류 아요디야(야유타국)의 사원마다 대문 정면에 물고기 두 마리가 마주보고 있는 그림이 새겨져 있는데, 이 그림은 김수로 왕릉 정문에 그려져 있는 쌍어문(雙魚文)과 똑같다. 쌍어문은 분명히 가락국의 국장(國章)이자 신앙의 상징이었을 것이다. 허황옥과 장유화상이 가락국에 온 것이 인도신앙과 인도불교를 전래한 중요한 증거로 추측되는 것도 이 때문이다. 쌍어신앙은 김해 은하사와 동림사 계원암, 합천의 영암사에도 있고, 조선시대까지 계속되어 여성들의 노리개와 선비들의 먹에도 그려지는 등 커다란 영향을 미쳤다. 신어산의 이름도 '신성시한 물고기'란 뜻을 그대로 도용한 듯싶다.

엷은 안개가 촉촉히 산을 적실 즈음 신어산 정상의 자태가 눈동자를 꽉 메웠다. 6000평의 철쭉평원. 봄이면 좋겠다는 생각이 간절했다. 신어산은 오래전부터 기다리고 있었는데 왜 인제 왔냐고 따졌다. 대답을 못해 머뭇거리는 순간 느닷없이 후려치는 알 수 없는 향기에 취해 손을 뻗었다. 보랏빛 광대나물, 노란빛

마타리와 달맞이꽃, 하이얀 참취, 연보랏빛 잔대 등 야생화 잔치가 한창이다.

　신어산은 사람을 휘어잡는 마력이 있다. 내려가고 싶지 않은 편안함도 있다. 하루 종일 평원을 뒹굴고도 싶다. 또 사방이 완전히 뚫려있어 드넓다. 동쪽에는 낙남정맥 시작지점과 낙동강이 보이고, 서쪽으로는 남해고속도로가 눈에 들어온다. 남쪽으론 김해 시가지와 인제대학교가 코앞에 있고, 북쪽으로는 김해 상동면 전체가 보인다.

눈 앞에 펼쳐진 신어산 정상의 철쭉평원은 짜릿한 희열과 함께 경외감마저 불러 일으킨다.

구름다리를 지나 봉우리 하나를 더 오르고 서쪽방향으로 직각 길에 다다르면 가야컨트리클럽이 고상한 자태를 뽐낸다. 직각길은 스릴 만점이다. 비가 내리고 썰매가 있으면 가야컨트리클럽까지 물 썰매 코스로 제격이다. 산행의 맛을 충분히 느끼고 나면 이미 골프 장 안에 당도한다. 9번 홀을 가로질러 골프장 중간의 봉우리에 도 착하니 웬 집도 절도 없는 스님 전신상이 나타났다. 이름도 없고 안 내판도 없다. 장유화상인가 해서 골프장에서도 건드리지 못했던 모 양이다.

다시 골프장을 가로질러 영운이고개를 지났을 때 비가 내리기 시작했다. 그리고 우리 팀은 영화를 찍었다. '비 오는 날의 수채화'. 나밭고개 건너 징그럽게 허연 산 덩어리가 눈앞에 보일 때까지 다섯 개의 봉우리를 넘으며 '쉬리2' 도 찍고 '남부군2' 도 찍고 정글체험도 했다. 그래도 산 노래가 저절로 나왔다.

"먼 산을 호젓이 바라보니 누군가 부르네~ 산 너머 노을에 젖는 내 눈썹에 잊었던 목소린가~ 산울림이 외로이 산 넘고 행여나 또 들릴 듯한 마음~ 아아 산울림이 내 마음 울리네~ 다가서던 봉우리 물러서고 산그림자 슬며시 지나가네~."

언제 걸어도 신나는 구름다리

트레킹 2구간 관광루트

김해시 상동면 생명고개에서 생림면 나밭고개까지 2구간은 반은 관광루트화되어 있고, 반은 전혀 되어 있지 않다. 생명고개에서 신어산 정상에 다다르는 곳까지는 사람들의 발길이 느껴진다. 초보자도 길따라 오르기만 하면 된다. 드문드문 등산객도 만나 서로 반갑게 인사를 나누기도 한다.

신어산은 김해에서 워낙 유명한 산이라 김해시에서 잘 가꾸어 놓았다. 정상의 6000평 철쭉 평원을 비롯해 김해 시가지가 한눈에 보이는 흔들거리는 구름다리는 등산객들에게 운치를 더해준다. 마타리, 참취, 광대나물 등 걸음을 옮길 때마다 언뜻언뜻 보이는 야생화들도 생태교육에 효과적이다. 다만 신어산 정상에 김해시에서 설치한 정상표시(630.4m)와 두 산악회에서 세워놓은 표시가 모두 다 있어 하나로 통일되었으면 하는 바람이다. 그대로 둔다면 신어산을 오르는 모임마다 자신들의 흔적을 남기고 싶어 할 것이다. 정상은 쉼터로서 아주 적합하다.

구름다리를 지나 가야컨트리클럽으로 향하는 길은 잡목이 많다. 신어산 부근까지만 잡목을 제거해놓고 낙남정맥의 길은 손을 대지 않은 것이다. 가야컨트리클럽까지 직각으로 내려가는 길은 등산을 자주 하는 이들에겐 등산의 흥미를 불러일으키는 길이지만 가족들이 함께 가기에는 조금 가파르다. 계속해서 내리막인데다 요령껏 잘 내려가야 하기 때문에 아차하면 미끄러지기 쉽다. 산행의 묘미를 살리기 위해 자연보도로 놓아두되 나무에 손잡이를 단다든지 조금 덜 가파르게 하는 작업을 하면 좋겠다. 힘겨운 내리막에 초롱초롱 나풀거리는 야생화 잔대의 손짓은 등줄기의 땀을 식혀준다.

가야컨트리클럽을 가로지르는 길은 골프치는 사람과 골프장도 구경하고 흥미 있다. 그러나 골프치는 이들에게 방해되지 않게 한 줄로 서서 조용히 빠른 걸음으로 움직여주는 것이 예의에 어긋나지 않는 등산인의 자세다. 골프장을 거의 다 빠져나올 즈음 달맞이꽃 향연은 새삼스럽게도 초록잔디와 잘 어울려 황홀경을 연출한다. 골프장의 잔디를 배양하는 곳과 연결되게 만들어놓은 조그만 육교는 영운이고개까지 편히 인도한다. 이 육교를 창원 안민고개의 생태교 형식으로 만들면 정맥을 잇는 중요한 다리로 탈바꿈할 것이다. 주의할 것은 군데군데 벌집이 있어서 벌을 화나게 해서는 안 된다는 점이다.

영운이고개에서부터 나밭고개까지 봉우리를 5개 오르는 동안은 잡목을 헤치며 가야 한다. 거의 어른 가슴부위까지 올라오는 잡목들은 긴 소매 옷과 장갑, 챙 있는 모자가 없으면 피부를 아프게 한다. 잡목 제거작업이 무엇보다 필요하며, 예비군훈련을 위해 '오염지역'이라고 표시해놓은 푯말 옆에 '이 길은 낙남정맥입니다' 라는 표시가 돼있으면 편리하겠다.

나밭고개에 이르면 1017호 지방도로와 만난다. 그곳에 역시 '이

길은 낙남정맥입니다. 나밭고개'라는 식의 푯말이 있어야 한다.

　나밭고개에서 왼쪽으로 100m쯤 가면 조그만 조각공원으로 꾸며진 아담한 휴게소가 하나 있다. 날이 궂으면 궂은 대로, 맑으면 맑은 대로 텁텁한 막걸리와 금방 구워낸 해물전, 시큼한 김치 맛이 일품인 이곳에서 하루의 산행을 음미해보는 여유를 가져봄직하다. 물은 가야컨트리클럽, 영운이고개, 나밭고개에서 구할 수 있다.

신어산 자락에서 내려다 본 가야컨트리클럽

찾아가기

생명고개를 가려면 상동면 장척마을까지 승용차로 가는 것이 편리하다. 김해 인제대에서 가야랜드를 거쳐 가야컨트리클럽까지 가서 좌회전하여 계속 간다. 윗안금을 지나 오른쪽으로 방향을 틀어 죽 가서 상동면과 장척으로 갈라지는 길에서 장척으로 올라간다. 여기서부터 생명고개까지는 비포장도로다. 상동면에서 상동민사무소를 찾아 좌회전해서 계속 올라가는 길도 있다.

대중교통은 김해시 부원동터미널(삼부주유소 뒤)에서 상동면행 마을버스를 타면 장척마을까지 가서 생명고개까지 들어가는 차를 얻어 타든지 걷든지 해야 한다. 마을버스는 오전 7시 40분, 9시 30분, 11시 15분, 오후 2시 30분, 4시 30분, 7시 50분 등 6회 운행한다. 2구간 끝 지점인 나밭고개에서는 김해시내로 가는 버스(동부교통 19번, 20번, 20-1번)를 탈 수 있다. 이 길에는 밀양 삼랑진 가는 버스도 다니므로 버스경유지를 유심히 살펴봐야 한다.

낙남정맥 트레킹 구간 지도

트레킹 2구간 [6.8km]
신어산 - 364.1m봉 - 영운이고개 - 나밭고개

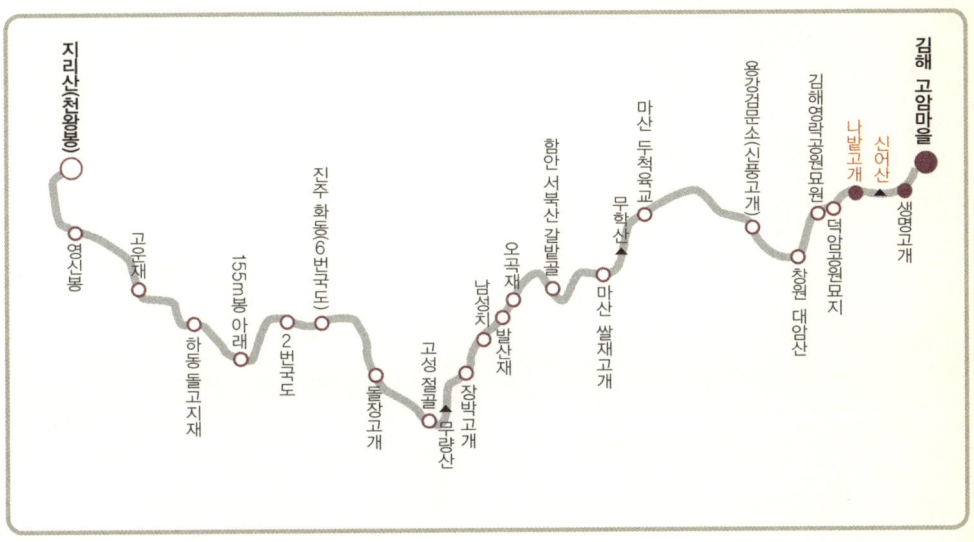

트레킹 3구간 [7.3km]

|2000년 9월 2일|
나밭고개 – 394.8m봉 – 360m봉 – 덕암공원묘지

회색 비 추적추적 내리는 아침. 허옇게 회칠된 산허리를 희부연 비안개가 휘감는다. 달갑지 않은 비다. 몸에서 흘러내리는 빗물과 깎인 정맥에서 녹아내리는 분노의 빗물이 땅 속으로 급하게 파고 든다.

땅 속의 것들이 빗물에 씻겨 오랜만에 미역을 감는 지 아니면 질퍽이는 등산화 발자국에 놀라 움츠리고 있는 지 알 수가 없다. 산길을 헤치고 간다. 비가 오니 산길 만들기가 더 힘들다. 제 맘대로 자란 덤불들이 코를 자극한다. 손으로 끊어지지 않을 만큼 풀들이 질기다.

처음 산을 오를 땐 심장이 특히 긴장한다. 고도를 높여나가 첫 번째 봉우리에 서서야 큰 숨을 내쉰다. 그러나 내쉰 숨이 아깝다. 정상에 고압철탑이 떡 버티고 섰다. 몸 안으로 나쁜 기운이 더 들어온 건 아닐까. 이젠 마루를 따라 걷는다. 걷는다고 말하지만 완전히 부수어져 있는 길을 찾는 짐승에 가깝다.

3구간은 송전철탑을 세우기 위한 임도개설로 인해 정맥이 툭툭

비와 사람과 흙과 나무가
줄줄이 미끄러진다.

끊어져있어 산을 타는 맛이 나지 않고 길 찾기도 수월찮다. 임도를 완전히 무시하고 능선을 고집해야만 정맥을 이을 수 있다. 또 구간 내내 봉우리마다 반갑지 않은 철탑을 만나게 돼 한편으론 짜증이 난다.

세 번째 봉우리까지는 정맥을 흉측하게 자르는 두 번의 임도와 1번의 지방도(1017번)를 건넌다. 임도와 만나는 정맥은 내리막 길이다. 비와 사람과 흙과 나무가 줄줄이 미끄러진다. 임도로 떨어지는 지점에는 먼저 정맥을 스쳐간 이들이 밧줄을 달아 놓아 잠깐 '타잔' 도 된다.

1017번 지방도를 가로질러 15분 정도 오름짓을 하다 걸음을 재촉하면 잘 알지 못하는 사이에 다섯 번째 봉우리에 다다르고 내리막 길을 따라가면 14번 국도다. 편도 3차선 도로인 14번 국도 중간을 가로지르는 것은 너무 조심스럽다.(현재는 신천방향으로 조금 내려가면 횡단보도가 있다) 어렵사리 또다시 산을 올라 눈에 보이는 것은 폐타이어 재생 공장이다. 공장 정문 앞에서 둔덕을 오르면 밤나무 과수원으로 이어진다. 지나간 태풍으로 산을 정처 없이 뒹굴고 있는 밤송이들이 정겹다. 투박한 등산화에 짓이겨져야만 속살을 예쁘게 드러내는 밤톨들. 어린시절 머리에 밤송이를 맞아 혼쭐이 난 기억이 아슴푸레하다.

과수원을 통과하면 혼미한 세상(?)이 열린다. 낙원공원묘원. 망자와 생자의 만남이 자연스러우면서도 운무에 싸여 흔히 말하는 '저

세상'을 보는 듯하다. 빗속에 하얀 소복을 입은 여인네가 살풀이춤을 추고 치맛자락을 부여잡는 자식들, 고름을 적시는 여인을 잡고 강을 건너는 저승사자. 옛 가야의 실체를 증명해주는 고분군이 이 정맥을 중심으로 흩어져 분포하는 것과 묘지들이 줄서있는 것은 우연의 일치일까. 가야시대의 혼백과 현대의 혼백들은 만나 무슨 이야기를 나눌까.

안개에 가린 산행길

낙원공원묘원을 따라 덕암공동묘지까지는 작은 봉우리들을 오르락내리락하면서 풀을 헤친다. 360m봉을 올라서면 남서쪽으로 길이 굽는다. 산딸기 줄기에 이렇게 가시가 많은 줄 처음 알았다. 가시와 싸움이 끝날 즈음 덕암공동묘지가 보인다. 탈출구다.

"우리들의 목적은 오르는 과정뿐이며, 도달했을 때엔 출발점으로 되돌아가고 싶어지는 것이었다. 정상에 섰을 때, 우리들의 발밑을 든든하게 받쳐 줄 오직 하나의 근거지인 땅이 귀하고 고마운 곳임을 깨달았다. 하산에서 내려오면 우리 몸과 걷는 길이 새롭게 변해 있었다. – 황석영의 「입석부근」 중에서

13개 봉우리마다 어김없이 나타나는 고압 철탑을 제거할 수는 없는 것인지 모르겠다.

트레킹 3구간 관광루트

3구간은 손질이 많이 필요한 코스다. 출발지점인 나밭고개는 낙남정맥 길을 표시하는 푯말을 세우는 것이 무색할 정도로 헐벗어 있어 지자체의 강력한 제지가 필요할 것으로 보인다. **구간 내내 길이 싹둑싹둑 잘려나가 임도와 국도 위를 이어주는 자연 생태교나 고가도로가 세워지면 그나마 정맥이 기운을 차릴 것이다.** 현재 상태로는 정맥인 임도와 1017번, 14번 국도에 낙남정맥의 길임을 표시해주는 것이 급선무다.

산길도 마찬가지다. 공공근로요원들이 나무를 베어내는 사업을 한 흔적이 보이면서 조그맣게 나 있던 산길 자체마저 일그러트려놓아 길 찾기가 여간 어려운 게 아니다. 베어낸 나무들을 깨끗이 없애고 잡풀들을 모두 제거한 다음 리본이 매어진 곳을 따라 산 중간 중간 '이 길은 낙남정맥입니다' 라는 푯말을 만들어두어야 한다.

13개 봉우리마다 어김없이 나타나는 고압 철탑을 제거할 수는 없는 것인지 모르겠다. 봉우리 주변 잔디에 마타리, 무릇, 조뱅이 등 야생화가 즐비해 야생화 체험학습 공간으로 이용하면 좋겠다.

원래 산길이었는데 산이 아닌 길로 돌변한 곳엔 반드시 낙남정맥이라는 표시를 해놓는 것이 무엇보다 중요하다. 낙원공원묘지에 이르기 전에 나타나는 폐타이어 재생 공장은 정맥 파괴현장으로서 관광 상품화해도 될 것이다. 공장을 지나 오르는 산길부터는 밤나무 과수원이다. 워낙 밤나무가 많아 밤나무 주변에 철조망을 쳐놓고 일반인 접근이 힘들도록 해놓았는데 가을엔 아예 개방을 해서 밤 줍기 체험행사 코스로 관광객을 끌면 괜찮겠다.

　낙원공원묘지는 정맥을 파괴하고 있지만 그 나름대로 트레킹상품이 된다. 이곳도 낙남정맥의 한 자락이라는 표시를 해야 하는 것을 잊지 말아야 하겠다.

　덕암공원묘지까지 가는 길은 내리막 임도가 있다. 이 길을 따르면 안 되고 임도 바로 위의 능선을 타야 한다. 때문에 이 지점에는 꼭 낙남정맥 푯말로 길을 인도해야 한다. 능선을 타자마자 산딸기 가시덩굴이 펼쳐지는데 산행을 편하게 하기위해 산딸기 줄기들을 잘 갈라 길을 트고 산딸기 따기 행사를 마련하는 코스로 정하면 이곳도 관광 상품이 될 것이다. 덕암공원묘지 역시 낙남정맥 푯말을 꽂아 성묘하러 오는 이들에게도 낙남정맥의 존재를 알리도록 한다.

　그리고 3구간에는 의외로 영지버섯과 도라지가 많이 보인다. 눈앞의 산길만 보지 말고 주변 야생화나 식물을 찬찬히 훑어볼 수 있는 '즐기는' 산행이 주가 되면 캠핑코스로도 아주 좋다.

안전요원의 충고 한마디

　1구간도 그랬지만 3구간은 대부분 산길이 편하게 나있지 않아 난해한 코스다. 3구간 때는 출발부터 하산까지 비를 맞으며 트레킹을 했는데 참가자들이 우기 대비를 철저히 하지 않았다. 비를 맞으면서 사람들의 체온이 떨어짐에 따라 계획대로 산행을 못 했다.

　가이드 입장에서는 복장을 갖추지 않은 사람 위주로 산행할 수밖에 없다. 계획된 구간을 다 마무리하지 못하는 산행이 반복되고 있는 이유도 장비 때문이다. 기본 복장을 반드시 갖춰야 즐겁고 안전하게 산행할 수 있다. 복장은 등산화는 필수이며 등산양말, 빨리 마르는 일반 등산복, 방한·방풍의와 비옷, 배낭, 배낭커버, 손전등 등을 갖추고 배낭 안의 옷은 비닐로 개별 포장해야 젖지 않는다. 비가 오든 안 오든 기본 복장은 항상 준비해야 한다.

오우택
(창원 백설스포츠 대표·
백설 알파인 등산학교 교장)

찾아가기

　진영에서 14번 국도를 타고 김해시 주촌면 신천리를 지나 고갯길을 넘어서면 삼계동 사거리가 나온다. 여기서 좌회전해서 1017번 국도로 들어서 2.5km 정도 가면 3구간 출발지점인 나밭고개에 도착한다. 대중교통은 김해시내에서 시내버스 19번, 20번, 20-1번을 타면 나밭고개까지 갈 수 있다.

　3구간 끝지점인 덕암공원묘지에서 김해시내까지 대중교통편은 시내버스 10번 하나만 있다. 2~3시간 간격으로 뜸하게 다니므로 시간을 잘 맞춰야 한다.

낙남정맥 트레킹 구간 지도

트레킹 3구간 [7.3km]
나밭고개 - 394.8m봉 - 360m봉 - 덕암공원묘지

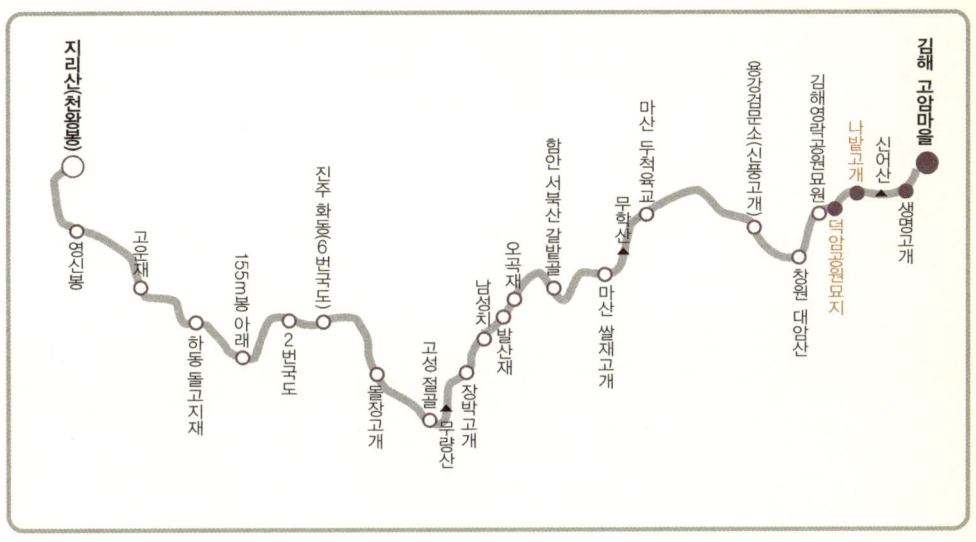

억새 너울대는 가을산에 흠뻑 취하다
창원 구간 [4~5 구간]

트레킹 4구간 [14.7km]

|2000년 9월 16일|
김해영락공원묘원-황새봉-불티재-장고개-139.4m봉
-471.3m봉-용지봉-창원 대암산

"오늘은 준비운동 안합니꺼?"

1구간부터 계속 산행을 같이 한 풍채만큼 넉살좋은 박일(33·자영업) 씨가 웃으면서 산행을 재촉했다.

"이렇게 심장을 탁탁 두들기야 숨이 덜 차던데…."

3주 전 빗속의 영락공원묘원을 추억하면서 김해의 마지막 구간으로 발길을 옮겼다. '처음은 항상 오르막길'이라는 각오를 했는데 이번 4구간의 시작은 조금 평탄했다.

"소나무 잎이 와 이리 많이 떨어졌노?"

"추석 때 송편 만들라고 다 땄는갑다."

여기저기서 발밑에 아직 새파란 색으로 뒹구는 솔잎예찬이 쏟아졌다.

"지난번 태풍이 산을 아주 폐허로 만들어뿟네."

이번 4구간 트레킹 팀은 모두 14명이었다. 대장(김병곤 씨) 뒤에 바로 붙은 권경율(44·회사원) 씨가 생채로 꺾인 소나무들을 가기 좋게 잘 치워주어 뒷사람들은 '거저'였다. 그래도 산길을 뚝뚝 가로막은 나무들을 수없이 넘어야만 황새봉에 오를 수 있었다. **천지개벽할 때 황새가 꼭대기에 앉았다 해서 이름 붙여진 황새봉 정상은 초라했다.** 황새 대신 낡은 초소 안에 산불감시원 옷만 두 벌 걸려있었다.

"야, 오늘은 좀 트레킹 하는 것 같네요."

황원호 기자가 안전요원 송재득(37·회사원) 씨에게 말을 건넸다.

"그렇지예. 오늘은 날씨도 좋고 창원구간까지 충분히 들어갈 수 있을 겁니더."

평지 같은 능선 길은 타임머신을 타고 과거로 가게 했다. 불티재 넘어 뒷마을로 딸을 시집보내는 어머니의 저고리고름이 축축하다.

"야야, 잘 살거래이. 시부모 잘 모시고 남편 뒷바라지 잘하고. 잘 살아야 된데이."

철없는 딸은 보따리 하나 달랑 들고 하염없이 멀어져 간다.

"우와. 소나무 숲이예요. 솔숲에서 산림욕하면 온몸의 나쁜 기가 다 빠져 나간대요."

이번에 처음 참석한 정정심(37·교사) 씨가 은근히 대장을 꼬드겼다.

"좋습니다. 가장 편한 자세로 누워서 10분 휴식!"

솔숲의 기운은 땀으로 범벅된 몸으로 스며들었고, 솔향이 소금기 가득한 콧속을 비집고 들어왔다.

불티재를 지나 약간의 오르막길을 올라 능선을 타는 동안 '묘지 1봉'이라는 깃발이 각목에 박혀있는 모습이 두 군데 보였다. 이름 없는 무덤인 모양이다. 비포장으로 된 단고개를 지나니 차 소리가 크게 들리기 시작했다. '고속도로구나.' 장고개에서 남해고속도로가 시야에 들어왔다.

"야호!"

고속도로를 지나는 차들에 대한 야유(?)인지 팀원들의 목성이 절로 커졌다. 상행선 쪽으로 조금 올라가니 고속도로 밑으로 하수구 비슷한 굴다리가 있었다. 지나간 비 때문에 하수구 물이 발목을 넘어 피곤했던 발을 물에 담가주는 찬스를 만끽할 수 있었다. 양말을 벗고 등산화를 들고 바닥이 미끌거리는 하수구 속으로 몸을 숙여 들어갔다. 갑자기 영화 '레이더스'가 생각났다. 쥐 떼와 박쥐 떼가 들끓을 것만 같은.

장고개에서 조그만 봉우리를 하나 넘어 1042번 지방도를 넘으니 평화스런 농가가 눈에 띄었다. 471.3m봉을 눈앞에 두고 경찰부대 정문을 좀 지나 고즈넉한 벤치가 놓인 곳에서 고픈 배를 채웠다. 471.3m봉까지의 오르막길은 정상에서 아래를 내려다보는 쾌감을 위한 고통이었다.

"여기서부터 창원 쪽으론 내리막입니다."

남쪽으로 꿈틀거리는 능선 길은 가을 내음을 물씬 풍겼다. 갈대들의 풀피리 연주에 흥겨워 춤추는 야생화 잔대의 가벼운 몸짓만큼

산 위에 이렇게
넓은 갈대평원이 있다니!
껑충껑충 뛰어다니는 산토끼들의
뒷 궁둥이가 너무 예뻤다.

창원구간은 김해구간과 달리 가슴을 부풀게 했다. '산 위에 이렇게 넓은 갈대평원이 있다니!' 껑충껑충 뛰어다니는 산토끼들의 뒷 궁둥이가 너무 예뻤다. 능선 저만치 아래로 장유사가 놓여있다. 가락국 허황옥의 오빠가 이 산(불모산)에 불교를 전파하러 왔다가 오래 놀면서 돌아가지 않아 장유화상이라 불렸다. 그 뒤 장유화상이 머물렀던 절을 장유암(장유사)이라 했는데, 우리나라에 불교가 처음 전래됐던 가락불교의 요람지'(김해지리지)다.

용지봉은 창원시내를 훤히 비췄다. 능선 속에서 헤매다 찾은 구세주라고나 할까. 어느 산악회에서 '용제봉'으로 푯말을 세워놓은 것이 눈에 거슬렸다. 『산경표』에는 '용지봉' 지명은 없으나 조선 예종 때 지리지에 '불모산 장유사'란 표기로 보아 용지봉을 불모산의 일부분으로 본 듯하다. 대암산까지는 돌의 향연이 펼쳐진다. 그제서야 오전에 송재득 씨가 창원구간까지 거뜬히 갈 수 있다고 복선을 깐 것이 실제상황으로 다가왔다. '갈색추억'은커녕 '회색추억'만 무르익어갔다. 대암산 정상에 오르기 직전, 이번 구간에 새로 투입된 안전요원 김인기 씨와 길을 잘못 든 취재기자는 대암산 아래 철쭉평원을 완전히 쑥대밭으로 만들었다. 팀원 등의 '화이팅' 소리가 귀에 맴돌 즈음 어둠은 순식간에 산을 덮었다. 대암산 정상에 못미쳐 오른쪽으로 불모산, 왼쪽으로 정병산이란 푯말을 읽고 창원 대방동으로 발길을 재촉했다. 암흑속의 내리막길에서 지친 다리를 끌며 한없이 외쳤다. "보명아, 명철아. 보고 싶다."

낙남정맥 트레킹 구간 지도

트레킹 4구간 [14.7km]
김해영락공원묘원 - 황새봉 - 불티재 - 장고개 - 139.4m봉
- 471.3m봉 - 용지봉 - 창원 대암산

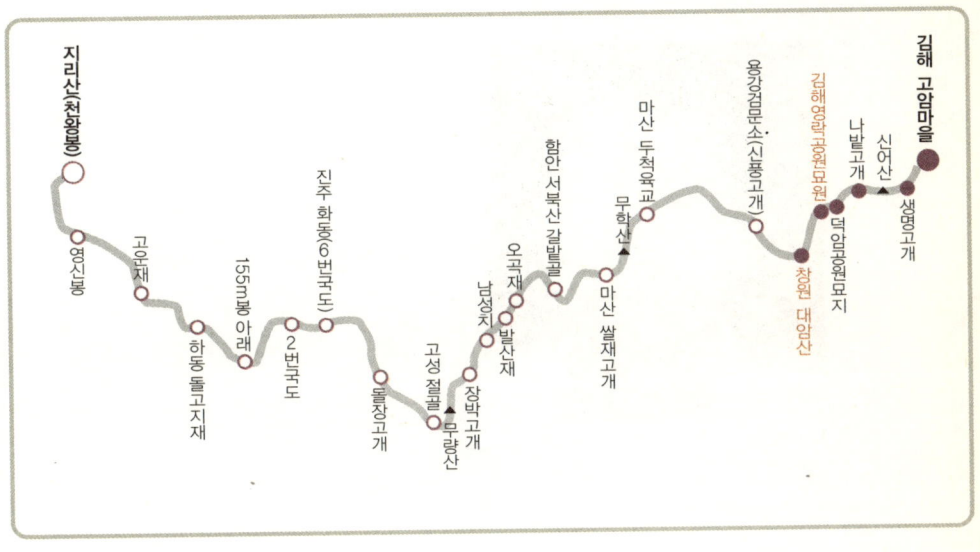

|낙남정맥에 사는 사람|

황새봉 아래에 사는 주현규 씨

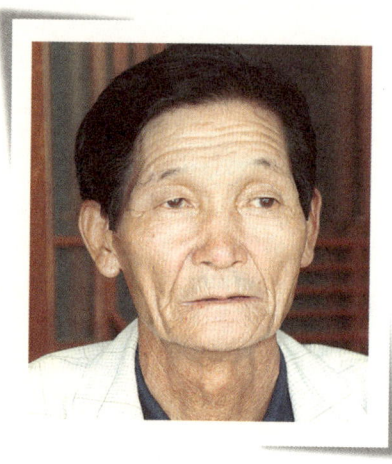

내 삶의
중요한 기억들 모두
이 길서 겪었죠

    김해의 마지막 구간 중 불티재와 황새봉 아래 거주하고 있는 주현규(68·김해시 주촌면 내삼리 263) 씨는 낙남정맥의 기운을 받고 태어나 70여 년 동안 이곳에서 살고 있다.
    주씨는 도로가 없던 시절, 진영과 진례 방면에서 김해로 넘어가는 지름길이 불티재였다고 회고했다. 일제시대 때 도로가 생기면서부터 불티재는 사람들의 발길이 끊겼다고 한다. 불티재란 이름은 재를 넘는 사람들이 힘들어 담배를 피우다가 불티가 튀어 산불이 많이 났다고 해서 지어졌다. 한양에 일보러 가거나 진례 마을로 자녀를 시집보낼 때 이 불티재를 많이 넘나들었고, 진례에 장보러 갈 때와 소 등 집짐승을 팔러갈 때 주로 이용했다. 황새봉은 바다가 산이 되고 산이 바다가 되던 때 황새봉 정상에 있는 소나무에 황새가 앉아 있었는데, 황새목까지 물이 올라왔다는 전설이 전해져 온다. 실제 황새봉에서 바다였음을 증명하는 조개껍데기가 발견되기도 했다고 한다. 일본인들이 마을 입구 주촌 초등학교 뒤쪽 산 정맥을 일부러 잘라 피가 났다는 설화도 있다고 한다.

주씨가 살고 있는 내삼리에는 맨 처음 진안 주씨 집성촌이었고, 다음에 장씨들이 살았는데 지금은 다른 성씨들이 많이 들어와 있다고 한다. 이 마을 사람들(약 160가구)은 주로 벼농사를 지어 자녀들을 키웠다. 지금은 도시화로 인해 마을엔 공장들이 많이 들어섰고, 불티재와 황새봉은 사람이 다닐 수 없는 길이 돼버렸다.

트레킹 5구간 [13.2km]

|2000년 10월 8일|
창원 대암산-607.4m봉-남산치-용추고개-정병산
-293.8m봉-용강검문소(신풍고개)

산이 가을을 한껏 머금었다. 나무 사이로 쏟아지는 햇살은 수줍은 처녀의 미소 같고, 잎새로 하늘거리는 바람은 연인들의 속삭임 같다. 4구간 트레킹 때 대암산을 내려오던 '암몽(暗夢)' 이 대암산을 오르기 직전 다시 되살아났다. 마음을 다잡았다. '여기만 오르면 별천지가 보인다.' 어느새 산꾼이 되어가고 있는 모양이다.

대암산 꼭대기는 희부윰한 안개 속의 창원시가지를 환상적으로 조명했다. 무릎 통증에다 산꾼의 금기인 '음주' 까지 곁들였던 황 기자가 마지막으로 정상에 오를 때까지 나머지 정맥꾼은 숨을 돌렸다.

"야~, 황 기자한테서 나오는 육수가 진짜 육수인데, 냉면을 못 말아먹으니 아깝다."

권경율 씨의 재치 있는 한마디에 정영오(45 · 부동산월드 대표) 씨가 반론을 제기한다.

"선생님은 괜히 그 말을 해가지고…. 인자부터 냉면은 못 먹겠습니더. 냉면 먹을 때마다 황 기자 육수 생각나면 어짭니꺼?"

웃음을 대암산에 뿌려놓고 시원한 바람을 맞으며 능선을 밟았다. 창원 시민들의 발길이 잦은 곳이라 어린 꼬마들도 산 능선을 잘 밟고 지나갔다.

"오늘은 오르락내리락 심신하진 않네."

어미경(34·창신대 문창과 학생) 씨의 말을 듣고 보니 평탄한 것보다 조금 높낮이가 있는 게 지루하지 않다. 510m봉을 지나 비음산으로 접어든다. 우중충하던 하늘이 비를 뿌린다. '토도독 토도독' 넓은 활엽수에 떨어지는 빗방울소리가 스타카토로 연주되는 피아노 소리마냥 맑고 예쁘다. 무심결에 커다란 돌 위를 지난다. 진례산성이다.

진례산성

진례산성은 창원시 동부지역, 토월동, 사파정동과 김해군 진례면의 경계를 이루는 비음산 위의 돌성으로 둘레가 4km에 이르는 산성이다. 내부에 넓은 계곡을 포용하고 계곡을 둘러싼 주위의 산 능선을 따라 성벽을 쌓았다고 해서 포곡식 산성이라 불린다. 산성에서 김해평야와 창원시가지가 한눈에 들어와 군사적 요충지였음을 짐작케 해준다. 성벽은 대부분 붕괴됐지만 동쪽 벽 일부 구간은 높이 157㎝, 너비 77㎝ 정도로 남아 있다. 진달래가 피는 4월이면 산 능선이 진홍색으로 물들지만 가을의 진례산성도 돌과 나무가 나름대로 조화를 이뤄 운치가 있다.

빗속에 용추고개에 닿았다. 등산객이 역시 많다. 하지만 그들 중 과연 몇 명이나 자신이 걷고 있는 곳이 정맥의 한 자락임을 알고 있을까. 정병산 정상에 못미쳐 짧지만 야무진 고바위가 눈앞을 가렸

정병산 정상에 못미쳐
짧지만 야무진 고바위가
눈앞을 가렸다.

다. '이 일을 어쩌나' 하는 순간 김병곤 대장은 벌써 고바위를 넘었고 우리는 고바위 아래를 우회해 힘겹게 합류했다. 미끄럽지만 않다면 암벽타기도 스릴 있을 것 같다. 중간 중간 암벽이 또 나타나자 첫 번째 암벽을 못 넘었던 정맥꾼 몇 명이 과감하게 암벽타기를 단행한 뒤 바위 꼭대기에서 의기양양 괴성을 질렀다.

정병산 바로 밑에서 점심보따리를 풀었다. 희한한 것은 비가 오다가도 밥 먹을 땐 꼭 멈춘다. 누군가의 라디오에서 송대관의 '인생은 생방송'이 흘러나왔다. "인생은 생방송 모노드라마~". 이렇게 정맥을 종주하고 나면 다시 또 종주할 수 있을까 싶어 불현듯 순간순간의 생방송이 소중하고 내가 쓰는 모노드라마가 아름다워진다.

옷들이 젖어있어 밥을 먹는 동안 내내 추웠다. 처음 참가한 조해순 씨는 방수복을 안 가져와 더 고생이었다. 정병산 정상의 '봉림산' 표지는 등산객들을 헷갈리게 한다. 『산경표』에 나오는 전단산이 정병산의 옛 이름이며 1960~70년대 해병대 신병훈련장이었다고 전해진다. 정병산에서 내려와 지도상에 293.8m봉으로 나타나 있는 산을 봉림산이라 일컫는 이들도 있다.

293.8m봉으로 향한다. 사격장에서 올라오는 전 구간은 계단이어서 내리막길을 간다는 것이 오히려 행복했다. 293.8m봉 아래에서 세 명의 정맥꾼이 포기를 했다. 앞서 무릎통증으로 탈출한 황 기자가 차로 지원을 왔다. "날씨도 별로고 오늘 산행 여기서 끝내자"고

제안한 취재기자에게 힘이 남은(?) 정맥꾼들이 부추긴다.

"화이팅, 화이팅. 이젠 정예요원과 필수요원만 남았으니까 문제없다."

정맥 속으로 떠밀렸다. 용기가 났다. 다행히 목적지인 신풍고개까지는 평지가 많아 걸을 만했다. 때 아닌 대나무 숲(산죽)은 가을비 맞으며 연애했던 미혼시절을 더듬게 했다. 추억으로 신죽을 남기기엔 아까워 다시 또 한 번 와보고 싶은 생각이 스쳤다.

"그 탱자 좀 던져보이소. 막대기로 한번 쳐보자."

창원컨트리클럽이 눈앞에 펼쳐지자 누군가 장난기가 발동했다. 꽤 기다란 골프장을 지나 신풍고개를 찾아가는 동안 정리 안 된 숲길에 몸을 가누느라 우리는 길을 잘못 들었다.

"대장님은 내가 오르막길 힘든 줄 알고 마지막까지 시험에 들게 하시는구먼."

다시 되돌아 174m봉에서 잘 나있는 길을 버리고 완전 서쪽 방향으로 내려오니 황 기자가 뜨거운 커피로 맞아주었다. 자동판매기 커피가 이렇게 맛있는 줄 처음 알았다. 마지막 순간까지도 비가 내린다.

"처음 정맥 탈 때 고사를 안 지내서 그런 거 아닙니꺼?"

등산로 잘 꾸며놓은 창원구간

1047번 국도에서 천주산까지 낙남정맥의 창원구간은 김해구간과 달리 경치가 빼어나고 산봉우리마다 시내와 연결되는 등산로를 깔끔하게 다듬어놓아 산을 찾는 이들의 수가 갈수록 늘고 있다.

특히 용지봉과 정병산, 봉림산, 북산 등은 고바위를 오르는 난코스와 바윗길로 연결된 능선 때문에 조금 신경이 쓰이기도 하지만 걷는 재미는 김해구간과 비할 바가 못 된다.

때로 가꾸어지지 않은, 잡목이 무성한 숲과 산딸기, 찔레 가시밭 길이 펼쳐져도 약간은 재미를 즐기며 트레킹하기에 좋다. 그러나 도시답게 중간 중간 구간 연결 부위들이 많이 끊어져 있어 생태이동이 자유롭지 못하고 낙남정맥을 이을 수 있는 대안도 제대로 서지 않는다.

등산객들이 많은 반면 오히려 자연환경을 훼손해 놓은 듯한 천주산 능선의 전망대와 봉우리마다의 고압철탑, 걸음 보폭에 적합하지 않아 오히려 피로를 주는 계단 등은 정맥꾼이나 등산객의 눈살을 찌푸리게 한다.

천주산은 산 중턱까지 차가 올라갈 수 있어 노인들과 어린이들의 등반이 가능하도록 돼있고 산정상이 넓어 야유회도 잦게 열리는 시민들의 휴식공간으로 한 몫을 하고 있다.

창원구간은 대부분 산정상과 능선마다 연결돼 있는 산 이름과 거리를 표시해두어 등산객들이 편리하게 산에 오르고 내릴 수 있도록 배려하고 있다. 드문드문 피어 있거나 같은 종류로 군락지를 이루는 야생화 잔치는 땀을 식혀주고 다리에 힘을 실어주는 활력소가 된다.

아쉬운 점은 '이곳은 낙남정맥입니다' 라는 표시와 낙남정맥의 의미를 산마다 해놓았으면 하는 것이다. 수많은 등산객들이 정맥의 능선을 지나면서도 낙남정맥을 모른다면 예부터 우리 조상들이 다녔던 낙남정맥은 조만간 일반인들에게 잊히는 문화유산이 되고 말 것이다.

천주산 능선 전망대

낙남정맥 트레킹 구간 지도

트레킹 5구간 [13.2km]

창원 대암산-607.4m봉-남산치-용추고개-정병산
-293.8m봉-용강검문소(신풍고개)

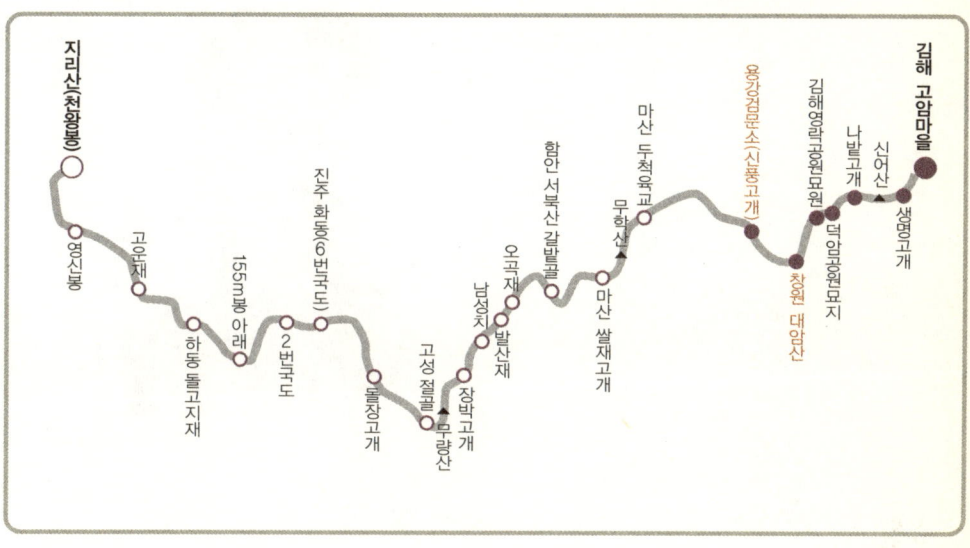

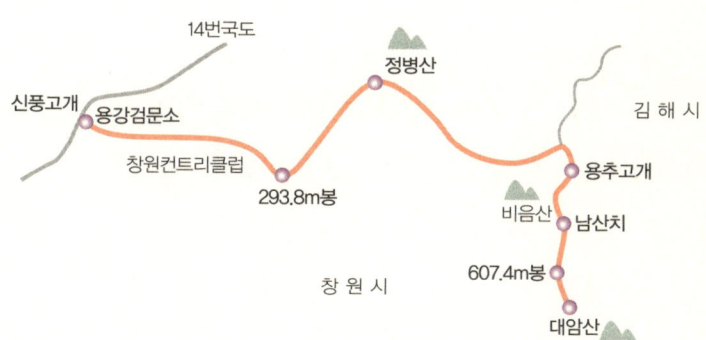

초보 정맥꾼 어미경 씨

> 정맥을 타는 것이
> 얼마나 어려운 지 전혀
> 모른 채 5구간까지
> 함께 정맥을 탔다.

"평소에 백두대간이나 지리산 종주, 정맥 종주 하는 방송이나 기사가 나오면 꼭 참여하고 싶었어요."

정맥에 대한 막연한 기대를 갖고 낙남정맥 트레킹 종주에 참여한 초보 정맥꾼 어미경(34·창원시 대원동) 씨는 정맥을 타는 것이 얼마나 어려운 지 전혀 모른 채 5구간까지 함께 정맥을 탔다. 그는 그 동안 체력적으로 어려운 부분도 많았지만 '정맥에 갔다 오면 또 가고 싶다'는 어떤 이끌림 때문에 계속 참여하고 있다. 정맥의 의미를 새롭게 알게 된 것도 소중한 소득이다.

5구간 트레킹 때는 4구간 16km 트레킹으로 인해 무릎이 아파 중도에 포기했다. 한 구간을 마치지 못하고 중간에 내려온다는 것은 착잡하고 아쉬웠다. 성취감도 당연히 없었다. 그러나 그가 포기하게 된 원인은 무엇보다도 4구간처럼 힘들고 괴롭지 않을까 하는 두려움이 앞섰기 때문이다. 다음에는 남은 구간에 대해 능선 길도 좀 설명해주고 산이 주는 소중함과 산의 의미들을 서로 이야기하는 시간도 가지면 좋겠다고 그는 털어났다.

　"건강도 좋아지고 정맥의 의미도 되새기는 좋은 기회인만큼 초보 정맥꾼들도 잘 이끌어 종주를 무사히 마칠 수 있도록 배려해주면 좋겠다"는 그의 말엔 희망과 용기가 배어있다.

| 낙남정맥에 사는 사람 |

외감마을 토박이 이용조 · 배영선 부부

"밀양 표충사
그 좋던 골짝도 다 관광
지 됐다 아이가."

"차 안 다녔을 때는 동네 사람들이 죄다 천주산을 넘어서 다녔지. 함안 칠원, 마산 구암, 창원(갑골) 갈 때도 천주산을 넘어야만 했능기라."

천주산 아래 낙남정맥 북쪽에 위치한 창원시 북면 외감마을은 마을 중간을 가로지르고 지나가는 남해고속도로 공사가 한창이었다. 모두 감 따러 가고 마을에는 여든 넘은 노인들만 따뜻한 담벼락에 옹기종기 앉아 이야기꽃을 피웠다.

외아들과 함께 이 마을에서 살고 있는 이용조(81) 할아버지와 배영선(78) 할머니는 외감마을 토박이 부부다.

"나무 하러 가거나 풀 뜯으러 갈라면 천주산에 갔제. 눈만 뜨면 산에 갔다 아이가."

"산나물이랑 도라지랑 고사리 뜯으로도 많이 갔제."

"나무를 안 때고부터는 산에 안 올라갔제. 지금은 숲이 많아서도 못 올라간다."

"저리 고속도로도 만들면서 시에서 또 마을(달천계곡) 안을 관광지로 만든다 안하나. 마을사람들이 모두 다 반대하고 있는데… 모르제. 결국은 좋던 마을 다 망가놓고 관광지로 안 변하겠나. 밀양 표충사 그 좋던 골짝도 다 관광지 됐다 아이가."

이용조 할아버지는 나이가 들고 세월이 가는 것보다 마을이 변해 가는 모습이 더 안타깝다.

"봄되면 요 앞 노암산에서 천주산까지 산이 골짝골짝 발갛다. 저기 마을 가운데 당산나무(전자나무) 있제. 500년 전에 심은긴데, 맨날 제사 지내고 해서 그런가 마을에서 못되는 사람이 없다. 물맛도 전국서 젤 좋다."

마을 자랑 속엔 현재 그렇지 못한 풍경의 한숨이 가녀리게 들린다. 정맥의 기운을 받아 아름다웠던 외감마을도 이제 천천히 환경이 파괴되나보다.

"낙남정맥이 우리 조상들이 다니던 길이라꼬. 아믄, 산에 나무하러가고 나물 뜯으러 다닐 때가 공기도 좋고 참 좋았제."

누구도 예측하지 못한 실패
마산 구간 [6~7 구간]

트레킹 6구간 [11.5km]

|2000년 10월 22일|
신풍고개 – 남해고속도로 – 굴현고개 – 천주산 – 중지고개 – 두척육교

　10월 22일. 아침 바람이 제법 쌀쌀하다. 창원 신풍고개에서 마산 두척육교까지 6구간은 김병곤 대장이 예전에 낙남정맥을 탈 때 실패했던 곳이었기에 중리에 사는 정맥꾼 김부곤 씨와 김 대장은 지난 15일 미리 6구간 끝 지점인 두척 육교에서 거꾸로 정맥을 거슬러 오르는 노력까지 했다.
　구간마다 처음 시작이 늘 어렵더니만 6구간은 워밍업 하듯 사뿐사뿐 가볍게 마루금(능선)을 밟는 맛이 꽤 상쾌하다.

6구간 등산에 앞서 파이팅

"여기는 딱 애인하고 손잡고 산책하는 길이네."

이번 구간에는 1구간부터 참석했던 김부곤 씨의 아들 종무(15) 군과 4구간부터 참여한 권홍구(16) 군, 뭣도 모르고 아버지(황원호 기자)따라 처음 정맥 타러 온 인준(12) 군까지 '청소년 삼총사'가 결사대처럼 대장을 뒤따른다. 금방 남해고속도로가 시야에 들어온다. 고속도로를 건너기 위해 막 감나무 과수원을 가로지르려는 순간 고속도로 위에서 "끼이~익 퍽"하는 소리가 났다.

"사고 났는갑다. 소리로 봐선 세게 받친 것 같은데…."

주렁주렁 탐스럽게 열린 감밭 아래 짧달막한 잔디의 투명한 이슬

81

천주산에서 본 창원대로

들이 또르르 또르르 등산화로 굴러 내린다. 고속도로 밑으로 난 굴다리를 통과해 고속도로 갓길을 걷는다. 아까 사고 났던 차량을 운반하러 온 레카차와 사고 승용차 앞부분이 완전히 박살난 광경이 보인다. 굴현고개까지는 널브러진 나무들을 자근자근 밟으며 능선을 탄다. 숲이 온통 가을이다. 밟히는 나뭇가지들은 투둑투둑 발에 닿기만 하면 부러지고 주변 산들도 단풍물이 곧 들 모양이다. 북면온천으로 가는 낯익은 길이 1045번 지방도의 굴현고개다. 북면온천을 수없이 오갔지만 정맥인 줄은 꿈에도 몰랐다.

　북산이라 불리는 산을 눈앞에 두고 능선이 헷갈린다. 물을 건너지 않는다는 산자분수령의 원칙에 따르려면 오른쪽 능선을 타고 계속 가야 하는데, 정맥꾼들은 능선을 조금 이탈했다가 북산으로 향했다. 천주산 앞에 버티고 선 북산은 보기와는 다르게 힘이 든다.

"너무 빨리 오르지 말고 숨을 가다듬어 자기 페이스대로 오르십시오."

대장의 말이 끝나기 무섭게 가파른 오르막길이다. 중턱쯤 오르니 암벽이 버티고 섰다. 대장은 암벽을 통과하지 않으면 정맥꾼이 못된다고 으름장을 놓는다. 차례차례 암벽을 탄다. 여자는 혼자뿐이라 체력적으로 불리했지만 에베레스트산을 올랐던 베테랑 안전요원 송재득 씨 덕분에 불가능하리라던 암벽타기에 성공했다. 팔이 저리고 다리가 후들거린다.

"이 기자도 이제 산꾼이 다 됐네."

정맥꾼들의 함성이 따스한 정으로 밀려온다.

천주산은 봄마다 철쭉축제로 전국 관광객이 붐비는 명산이다. 천주산 능선은 워낙 산길이 잘 나있어 눈감고도 가겠다. 지금까지 정맥이 있던 산 중에 가장 스케일이 크다고 할까. 꼬마들과 가족, 건강을 지키려는 노인, 중년여성·남성, 산악회원 등 만나는 이들마다 인사를 나누는 동안 하루에 이렇게 많은 모르는 사람들과 인사한 적이 있었던가 싶다. 천주산 정상에서 정맥꾼 '카수'인 강정철(47) 씨가 관중을 의식해 걸쭉한 가곡들을 뿜어댔다. 덕분에 '비상식량'을 조금씩 얻어 비축했다. 천주산에서 두척육교까지는 그동안 정맥을 탔던 이들이 합성동 금강산 쪽으로 빠지면서 서마산 인터체인지로 내려가 물을 만난 구간이다. 대부분 어떤 이유 때문에 물길이 생겼으리라 추측하지만 이는 산경표의 원칙에 위배된다. 그 오류를 뒤엎기 위해 김 대장은 나침반과 지도로 지형을 대조해가며 능선을 밟았다. 그러나 정맥꾼들은 메마른 소나무 숲 한가운데서 한동안, 숨을 곳을 찾는 듯한 '빨치산(?)'이 되었다. 길을 찾는 대장과 송재득 씨는 동분서주한다. 정맥꾼들은 모처럼 배낭을 맨 채 편히 누웠고, 나무 조경도 했다.

돌길 내리막길에서 돌탑(네팔에선 '쾨른'이라 하는데 산악인들이 되돌아오는 길을 표시하기 위해 쌓는다고 한다)을 쌓고 우여곡절 끝에 길을 찾아 내려오니 안성저수지가 보인다. 몇 명의 지리를 아는 정맥꾼들은 아무래도 정맥을 잘못 짚었다고 하고, 김 대장은 지형과 지도와 방향이 맞지 않다고 의문을 품었다. 어슴푸레 어둠이 깔리고 정맥꾼들은 정맥을 찾지 못 한 개운치 않은 마음을 막걸리 잔에 담아 속절없이 비웠다.

"나는 이 구간에서 꼭 왜 이럴꼬."

김 대장의 징크스 하소연에 황 기자가 "카오스이론에 보면 잘 모르는 미세한 반응이나 자극으로 인해 예상과는 다소 차이가 나는 결과가 나타나게 되는 '나비효과'라는 게 있습디다"라고 위로했다.

천주산 능선은
워낙 산길이 잘 나있어
눈감고도 가겠다.

6구간 실패 원인 확인 등반 성공

　6구간 트레킹 실패(2000년 10월 22일)를 교훈삼아 황원호, 김석봉 기자와 10월 27일 다시 6구간(천주산~두척육교)을 올라 트레킹에 성공했다. 6구간 실패 원인을 분석해본다.

　천주산 바로 아래 516m봉(N(북위):35 16 211, E(동경):128 35 154)을 넘어서 도상 직선 형태의 능선은 오른쪽으로 직각으로 꺾여 나간다. 평탄한 갈대숲을 지나서 바로 정상부위의 소나무숲으로 들어서면 두 갈래의 갈림길이 나타난다. 문제는 여기서 발생했다. 앞서간 팀들의 표지기를 전혀 의심하지 않고 따르다보니 문제가 생겨났고, 숲 속에서 갈림길이 나타나다보니 지형을 분간할 수 없었다. 지도를 정확히 해석하지 못한 데서 발생한 전형적인 길 잃음으로 보아야 할 것이다. 현지 지형과 지도상의 형태가 충분히 착각을 일으킬 수 있게 아주 묘한 형태를 띠고 있는 것도 알아냈다.

　지도상으로 보면 천주산에서 516m봉을 거쳐 350m봉으로 향하는 길이 거의 일직선 형태를 이루고 있지만 실제 지형은 거의 북서방향으로 직각으로 틀어져 있다. 또 이곳에 진입하자마자 갈림길이 나타나면서 안곡방향의 능선길이 훨씬 더 잘 다듬어져 있어 누구든지 의심하지 않고 전진할 조건이 만들어져 있다. 여기에다 앞서간 팀들의 표지기가 그대로 부착되어 있어 아쉬움이 더해진다. 이번 확인산행을 하면서 잘못 부착된 표지기는 회수하고 다시 표지기를 부착하였다.

　456m봉을 지나 P8봉(N:35 15 327,E:128 33 821)의 방향은 남서쪽으로 220도 방향이나, 실제 지형은 서쪽으로 P9봉(N:35 15 078 E:128 33 083) 길이 나있다. P9봉에서는 이제 내려서기만하면 되는데 여기서도 남서방향으로 220도 방향이나 실제로는 남서방향으로 260도 방향으로 내려서야만 물길을 건너지 않는다. 실패했던 6구간은 많은 줄기들이 얽혀 있으며 그 분기점들이 지도상의 형태와는 많은 차이점이 있으므로 세심한 주의를 필요로 한다.

김병곤(낙남정맥 종주 트레킹 가이드)

잃어버린 길

6구간에 징크스 있는
김병곤 대장의 변(辯)

어떻게 그렇게 되어
버렸는지 지금도 모르겠다.
알 수 없는 일이다.

제6차 트레킹은 신풍고개에서 두척육교까지 11.5km다. 겨울을 알리기라도 하듯 찬바람을 맞으며 시작한 트레킹은 천주산까지는 모두 좋은 느낌으로 능선을 밟았다. 천주산 정상 안부에서 점심식사를 하고 일행 중 한 사람의 가곡을 들으며 가을 산행의 묘미와 정맥의 체취를 가슴깊이 들여 마시기도 했다. 여기까지는 모든 것이 너무도 순조롭게 진행되었다. 다음에 어떤 일이 벌어질 지 누구도 예측하지 못한 채….

출발에 앞서 다시 한 번 더 산군을 확인해 봤다. 천주산 정상의 급경사길을 내려서면서 516m봉으로 향했다. 갈대가 아름답게 흔들렸다. 한데 우리가 가야할 길은 350m봉 즉 남서 방향으로 틀어져야 하는데 북서방향으로 틀어져 나가버린 것 같다. 분명 정확히 지도정치를 하였고 앞서 진행했던 길이었음에도 어떻게 그렇게 되어버렸는지 지금도 모르겠다. 알 수 없는 일이다. 결국 6차 트레킹은 실패를 하고 다시 역방향으로 연결을 하기로 마음먹었다. 가을의 이른 저녁을 온몸으로 받으며 안성저수지로 내려서 하루를 마감했다.

중턱쯤 오르니 암벽이 버티고 섰다.
대장은 암벽을 통과하지 않으면 정맥꾼이 못된다고
으름장을 놓는다. 차례차례 암벽을 탄다.
팔이 저리고 다리가 후들거린다.

낙남정맥 트레킹 구간 지도

트레킹 6구간 [11.5km]
신풍고개-남해고속도로-굴현고개-천주산-중지고개-두척육교

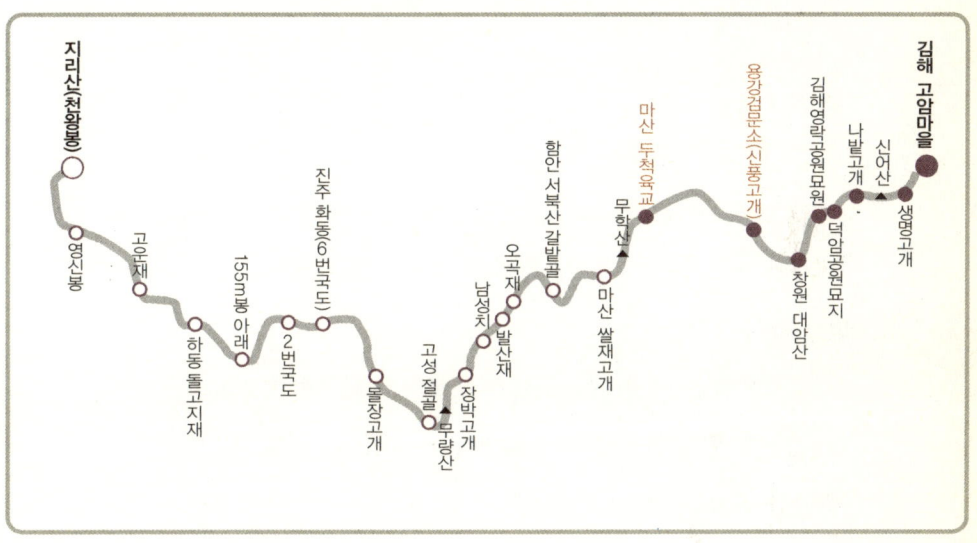

트레킹 7구간 [10.2km]

|2000년 11월 5일|
마산 두척육교 – 무학산 – 대곡산 – 쌀재고개

"할 이야기가 있소. 한 가지만. 하지만 다시는 이야기하지 않을 거요. 누구에게도. 그리고 당신이 기억해줬으면 좋겠소. 애매함으로 둘러싸인 이 우주에서 이런 확실한 감정은 단 한 번만 오는 거요. 몇 번을 다시 살더라도 다시는 오지 않을 거요."

낙엽이 쌓인 숲 속 오솔길에서 누군가 영화처럼 프러포즈를 한다면 '찐~하게' 입맞춤을 하지 않더라도 온 몸에 전율이 일 것이다.

마산 두척육교에서 쌀재고개까지 7구간은 낙남정맥 보너스 코스다. 차갑지 않은 가을의 선선한 바람과 솔향 가득한 산길은 기억의 포자들을 보랏빛으로 물들인다. 이제 막 만난 애송이 연인이든, 열정적인 사랑으로 휩싸여있는 연인이든, 사랑이 아름답게 무르익은 중년 부부이든, 원숙한 사랑이 정으로 끈끈해진 노년 부부이든 추억 만들기는 나름대로 환상적이다.

이슬이 맺혀있던 나무와 낙엽들이 기지개를 켜고 햇살을 받아들인다. 서걱서걱. 바스락 바스락. 만추다. 길쭉하게 뻗은 소나무들이 겨울 채비를 한다. 가을 옷을 다 벗어 벌거벗은 몸매가 드러나려면

무학산 정상으로 가는
정맥 능선은 까탈스러운 오르막
이나 내리막이 없다.

일주일이면 충분하다. 벌거벗은 나무들은 겨우내 추위를 이기는 그들만의 보듬는 방법이 아마 있을게다.

　무학산 정상으로 가는 정맥 능선은 까탈스러운 오르막이나 내리막이 없다. 까칫거리는 잡목과 가시도 없다. 그냥 산림욕한다 생각하고 걸으면 무학산 정상에 닿는다.

무학산이 아름다운 줄 처음 알았다. 사방으로 시야가 확 트여 있어 뱅뱅 돌며 산세를 즐기는 데 제법 시간이 걸린다. 정상 아래 서마지기로 발을 딛는 사람들의 모습, 마산시가지와 마냥 푸르게만 보이는 바다. 어느 것 하나 놓칠 수 없는 무아경이다. 마산 사람들이 왜 무학산, 무학산 하는지 어렴풋이 알 듯하다.

"정기가 가득한 무학산에서 정맥종주 트레킹의 무사를 기원하는 산신제를 지냈으니까 이젠 정맥에 오를 때 비는 안 오겠죠."

"무학산지의 으뜸산이자 마산시가의 서쪽을 병풍처럼 둘러싸고 있는 해발 761.4m의 명산이다. 원래 두척산으로 불렸던 무학산은 서원곡을 비롯하여 남동쪽으로 흘러내리는 여러 갈래 하천의 발원지로서 그 경관이 수려하다. 멀리서 보면 학이 춤추는 모양과 같다 하여 무학산이라 불리게 되었다고 한다." – 〈마산시사〉 중에서

무학산 정상은 '마재' 또는 '세마재' 라고 불리는데, 두척과 마재란 이름에는 상관관계가 있다. '두(斗)' 는 순우리말로 곡식의 양을 재는 '말' 이고, '척(尺)' 은 길이를 측정하는 '자' 이다. 붙여 읽으면 '말자' 가 되고 세월이 흐르면서 '마재' 로 변한 것이다. 정상 아래 '서마지기' 란 지명도 '세마재' 라는 말에서 넓이의 단위인 '마지기' 란 명칭으로 바뀐 것으로 보인다.

멀리서 학춤 추는 무학산을 눈에 담지 못한 것이 아쉽다. 무학산

서 대곡산, 모산으로 이어지는 무학산지는 북쪽이 높고 험준하여 남서쪽으로 갈수록 고도가 낮아지면서 완만하다. 단풍놀이하기에는 최고지만 풍화작용으로 인한 자갈이 산록에 즐비해 여름철 집중호우 땐 산사태가 많이 발생한다고 한다.

무학상 정상을 내려서면 바로 기이한 돌탑이 나타난다. 전북 마이산처럼 높진 않아도 스쳐간 이들의 정성이 묻어있어 정감 있다. 내리막길과 평지가 지겹지 않게 교차된 뒤 마산의 바다가 한눈에 들어오는 큰 바윗돌이 대곡산 정상이다. 만날고개 가는 길을 왼쪽으로 남겨두고 오른쪽 내리막길로 능선을 탄다. 7구간의 하이라이트다. 쭈루룩 쭈루룩. 마른 잎들을 타고 미끄러져 내리면 환상적인 억새들의 합창이 들려온다. 짝 없어 외로운 기러기들은 또 옛 연인과의 추억을 더듬고, 새 연인과의 우연한 만남을 갈구한다.

"들국화 옆에/들국화 피어/화안히 웃듯이//갈대 옆에/갈대 모여/정답게 속삭이듯이//내가 슬플 때/함께 슬픈 네가 있다면/우리는 많이 행복하겠지" - 허영자 시 '함께' 중에서

안전요원 송재득 씨의 '7구간 걷는 요령'

　마산 마재고개(두척육교)에서 쌀재고개까지 7구간은 길이 잘 다듬어져 있어 계절을 한껏 느끼면서 걷는 게 좋다. 어렵고 힘들다는 생각보다 나무 한 그루, 풀 한 포기, 햇살 한 줄기, 낙엽 한 잎 등을 음미하면서 몸에 리듬을 타며 걸으면 가족 산책코스로 그만이다.

　트레킹 할 때는 땀이 나기 전에 겉옷을 벗고, 추워지기 전에 옷(방풍의)을 입어 몸의 온도를 조절해 주는 것이 중요하다. 또 지치기 전에 쉬어주는 것이 바람직하며, 아이들과 산행을 할 경우 너무 뛰어다니도록 내버려두는 것은 옳지 않다.

　7구간은 어린이와 자녀들이 걷기에 힘도 적당히 들고, 여운을 주는 오르막길과 평지가 이어져 있으며, 트레킹 시간도 알맞다. 처음 이 구간을 걷는 이들은 시간을 4~5시간 정도 넉넉히 두어 천천히 자연을 만끽하는 것이 가을산에 흠뻑 취하는 요령이다.

송재득(에베레스트,
낭가파르밧, 히말라야 등반 성공
현재 제일화재해상보험 마산지점 근무)

마산구간을 마치고

마산시 회원구에 속해있는 마티고개에서 두척육교~무학산~대곡산~쌀재고개~대산~광려산으로 이어지는 낙남정맥의 마산구간은 산책하기 좋고 사계절 풍치를 만끽하기에 그만이다.

두척육교에서 무학산으로 향하는 등산코스는 마산시에서 출발지점에 낙남정맥의 능선임을 표시하는 등산안내지도를 세워놓아 일반인들도 정맥임을 쉽게 알 수 있다. 무학산으로 가는 길은 소나무숲이 많아 산림욕하기에 좋다. 산악회나 시에서 산림욕을 하면서 할 수 있는 트레킹 이벤트를 고려해볼 만하다.

무학산 정상에 도착해 아래를 내려다보면 서마지기가 펼쳐져 있다. 이 서마지기에는 등산객을 위한 간이 휴게음식점이 마련돼 있는데, 컵라면과 어묵 등을 사 먹을 수 있다.

무학산이 아름답다고 느끼는 것은 대곡산으로 향하는 능선이 아름답기 때문이라고 해도 과언이 아니다. '자연스레 쌓아진' 막돌탑은 산행의 운치를 더해주는데, 언제부터 어떻게 생겨난 막돌탑인지 알 수 있는 자료가 있었으면 하는 생각이 든다.

대곡산 정상에서 왼쪽으로 가면 유명한 만날고개이고, 오른쪽으로 내려가면 낙남정맥의 능선인 쌀재고개다. 그러나 이 지점에 정맥을 표시하는 이정표가 없어 일반 등산객들은 길이 좋은 만날고개로 하산을 하게 된다. 내리막이 다소 가파르지만 쌀재고개로 이어지는 능선을 타면 형언할 수 없는 억새평원을 만나게 된다. 쌀재고개에 내려서면 왜 지명을 쌀재고개라고 하는지 만날고개처럼 사연을 알 수 있는 안내판이 있었으면 싶다. 두척육교에서 출발할 때처럼 쌀재고개에서 대산으로 가는 등산로도 정맥임을 알려주는 안내가 필요하다.

대산을 지나 아래 바람재에 못미쳐 산불감시 초소에 근무하는 산불경비원이 반갑게 맞이해주어 좋다. 경치 좋은 아래 바람재에 조그만 간이 산장을 만들어두면 사계절 모두 유용한 쉼터가 될 것이다. 데이트 장소로도 아주 좋다.

대산에 올라 광려산으로 향하는 능선에 서서 보면 왼쪽은 마산시 진동면과 진북면이고, 오른쪽은 함안군이다. 즉 오른쪽으로 내서읍 삼계리를 지나 함안군 여항면으로 연결되는 경계지점에 광려산이 놓여있다. 산 정상마다 산 이름, 고도와 함께 산의 내력도 적어놓으면 무턱대고 산이 좋아 오르는 이들에게 지역사적 의미 부여에서 적잖은 도움이 될 것이다.

갈대숲 사이로 보이는 무학산.
무학산으로 가는 길은 소나무숲이
많아 산림욕하기에도 좋다.

| 낙남정맥에 사는 사람 |

만날고개 밑 조용문 씨

요즘은 살 빼러 다
산에 다니는데…. 불과
20년 동안 세상이 너무
많이 변한 것 같아요.

마산 대곡산 정상에서 오른쪽 정맥길인 쌀재고개로 향하지 않고 왼쪽의 만날고개로 내려와서 만나는 첫 집에 조용문(53 · 마산시 월영동) 씨가 산다.

그의 집은 만날고개를 왔다갔다하는 이들 누구나 부담 없이 머무를 수 있는 공간이다. 이곳에는 수령이 350년이나 된 '마을의 수호

신' 팽나무와 간이 의자, 키 큰 메타스퀘어, 밤나무, 떡살구나무, 오죽(까만 대나무) 등과 작은 연못이 있어 산에서 내려오는 이나 산을 오르는 이들에게 크나큰 여유로움을 준다.

그의 집은 옛날엔 주막이었다. 구전되고 있는 만날고개 전설이 생겨날 즈음 이 마을엔 주막과 3가구만이 있었고 소나무가 빽빽한 '무서운' 마을이었다고 한다. 합천 사람들까지 똥장군을 이고 숯가루를 지고 상여를 메고 올라가던 길목이었다고.

조씨의 어린시절은 낙남정맥의 추억(?)으로 가득 차있다. "형편이 어려워서", "밥 묵고 살라고" 산에 갔다는 조씨는 낙남정맥이 옛 선조들이 밟던 길이라는 이야기를 들려주었더니 "나무하러 다니던 그 길이 그런 훌륭한 뜻이 있는 길이었군요. 얼마 전 경남대 어떤 교수가 그런 비슷한 얘기를 했었습니다. 무학산 기슭에 일본 사람들이 철도 박아두었다고 그러더군요"라며 연신 정맥의 의미를 마음 깊이 다지려한다.

그는 중학교, 고등학교 때 낙남정맥 능선인 만날재, 쌀재고개, 아래 바람재를 지나 세이먼당(상여 메고 높은 산등성이를 오르던 곳을 이르는 말), 장롱바위를 넘어 함안까지 삭다리(가느다란 줄기만 남은 나무)를 꺾으러 다녔다. 새벽에 나갔다가 저녁 8시 무렵까지 나무를 해도 지게 한 짐밖에 안 됐다. 이것을 마산 반달시장에 내다 팔면

보리 반 되를 얻었고 그렇게 하루하루를 연명했다. 청년시절에는 소쿠리 만드는 싸릿대와 칡 캐러 아래 바람재 오른쪽의 옥수골과 광려천 뒤 절골, 아흔아홉 고개 넘어 함안 저승바위, 댓바위까지 땔감 구하러 다녔고 지게가 다 안 차면 소나무 갈비(소나무 낙엽)를 보태 내다팔기도 했다.

"지금 나무하러 다니던 그 곳은 산돼지도 많고 숲이 우거져서 혼자서는 잘 못 갑니다. 참, 이런 얘기를 하니까 새삼스럽네요. 요즘은 살 빼러 다 산에 다니는데…. 불과 20년 '순간' 동안 세상이 너무 많이 변한 것 같아요."

할아버지 때부터 4대째 이 집에 살고 있는 그는 "여기보다 좋은 곳이 없어서 이사 갈 생각은 안 한다"고 말한다. 두 아들을 서울로 대학 보내고 아내와 함께 살고 있는 그는 나무 돌보는 것이 좋아 집 주위를 아름다운 정원으로 꾸며 쉼터로 제공하고 있다.

"마산에는 공원이 너무 없습니다. 다른 곳보다는 오염이 안 된 곳이니까 그냥 마음과 몸을 쉬러오는 장소가 되면 좋죠. 주말에는 도시락을 싸와서 평상에서 먹고 쉬었다가는 가족들도 많습니다."

그의 친절하고 자상한 미소가 낙남정맥을 탔던 선조들의 숨결처럼 다가왔다.

낙남정맥 트레킹 구간 지도

트레킹 7구간 [10.2km]
마산 두척육교 – 무학산 – 대곡산 – 쌀재고개

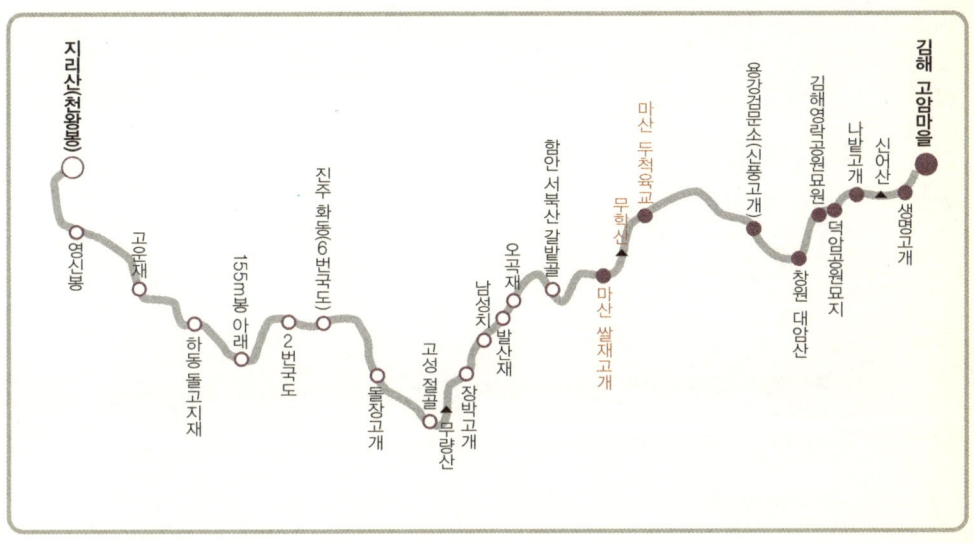

크리스마스이브를 낙남정맥에서
함안 구간 [8~10 구간]

트레킹 8구간 [12.5km]

|2000년 11월 19일|

마산 쌀재고개 – 대산 – 광려산 – 한치고개 – 봉화산 – 갈밭골(서북산 아래)

마산 쌀재고개의 아침 바람은 고도가 좀 높아서인지 제법 쌀쌀하다. 오전 8시. 7구간 때 미끄럼을 탔던 대곡산 하산길을 뒤로 하고 함안 대산으로 향한다.

8구간은 내내 시야가 트여있어 마산 바다와 주변의 산을 둘러볼 수 있어 좋다. 바다 위로 햇살이 퍼지면서 가까이에 펼쳐진 산 능선들과 먼 바다까지 겹겹이 쌓인 섬들이 정맥꾼을 흥분시킨다. 이번 구간에는 식구가 단출하다. 11명. 김병곤 대장과 정영오 씨, 권경율 씨, 강정철 씨, 김종무 군, 필수요원(기자) 4명 등 기존 정맥꾼에 새로운 정맥꾼으로 안정순(36 · 자영업) 씨와 김미영(41 · 주부) 씨가

광려산으로 향하던 중 가로막고 있는 암릉을 넘고 있는 정맥꾼들.

합류했다.

　오름짓을 계속하는 동안 '도민 방송'이 시작된다. 강정철 씨가 오르막의 힘듦과 침묵을 깨기 위해 시작한 '도민 방송'은 땀을 뻘뻘 흘리는 정맥꾼들에게 적잖은 위안을 준다. 때론 '이렇게 힘든데 폐활량도 좋으시지. 저렇게 입으로 쏟아내는 에너지 때문에 더 힘들지 않을까' 하는 쓸데없는 생각도 든다. 억새가 춤을 추면 "아~ 아 으악새 슬피 우니 가을 ~인~가~요"를 부르다가 바람이 차갑게 볼을 스치면 "바람같이 흘러가는 세월~"하면서 자작 가사를 붙여 즉석 노래를 만들기도 한다.

　아래 바람재를 지날 무렵 길 좋은 억새평원이 나타났다. 대장은 "이런 데 정맥꾼들이 쉬어갈 수 있는 산장을 만들어 놓으면 좋을텐데…"라고 혼자만의 낭만을 드러낸다. 위 바람재를 지나 대산(727m)에 올라 주위를 둘러본다.

　"마산 바다 참 아름답네요. 가까이서 보면 더러운데…."

　마산의 한 산악회에서 낙남정맥임을 알리는 정상 표지석을 세워두어 반가웠다.

　대산에서 광려산까지는 봄에 오르는 것이 환상적일 듯싶다. 온 산에 깔린 진달래들이 옷을 벗고 초겨울 바람에 떨고 있다. 부드러운 능선 길에 확 트인 경치까지 만끽하면서 광려산에 못 미쳐 점점이 떠있는 섬들이 화려하게 펼쳐지는 어느 묘자리에서 정맥꾼들은 잠시 휴식을 취했다.

"오늘 대장님 이상하네요. 평소와 다르게 쉬는 시간도 많이 주고…. 사람이 좀 달라진 것 같은데요."

정맥꾼들의 야유(?)에 김 대장은 해맑게 웃으면서 "우리 지금까지 너무 앞만 보고 쉬지 않고 온 것 같다 그죠?"라고 말한다.

"세상 사는 게 다 그런 거 아닙니까?"

김 대장은 요즘 낙남정맥을 밟고 있는 일이 그 누구보다 가슴 아리고 감격으로 느껴진다. 또 언제 이 정맥을 밟을 수 있겠나 하는 생각에서일까.

"오늘 가수가 노래를 안 하노?"

'도민 방송'을 계속해서 목이 아픈지 강정철 씨는 "새로 들어 온 사람들은 다 노래 한 곡씩 하는 게 원칙입니다"라며 두 여성에게 마이크를 돌리다가 결국 긴 가곡으로 산을 물들인다.

발목을 자꾸 끌고 들어가는 낙엽더미가 눈으로 바뀐다면 어떨까 라는 끔찍한 생각을 할 만큼 낙엽 밟는 걸음이 가볍진 않다. 그래도 길이 아닌 곳에 쌓인 낙엽 위로 한

쌀재고개 넘어가는 길

번 누워보고 싶은 생각은 간절하다.

국립지리원에서 발행한 지도에는 광려산을 720.2m봉으로 표기해 놓았으나 실제 봉우리는 조금 못 미친 750m봉이 광려산 정상이다. 지도엔 광려산을 광로산으로 잘못 표기해 놓아 혼동을 주기도 한다. 광려산에서 점심을 먹으면서 한치고개까지의 여정을 늘리기로 결정했다.

안개꽃처럼 화사한 누드 철쭉이 펼쳐지는 황홀경을 지나고 내리막길을 내려서면 한치고개다. 한치고개에는 진동과 함안군 함안읍을 잇는 1035호 지방도로가 지나며 등나무 휴식 의자 옆엔 고려 말 홍건적의 난을 평정한 이방실 장군의 태역비가 서 있다.

무릎 통증으로 황 기자가 한치고개에서 빠지고, 나머지 정맥꾼은 다음 구간의 '편함'을 위해 봉화산을 넘기로 했다. "묻지마라 왜냐고 왜 그렇게 높은 곳까지 오르려 애쓰는 지 묻지를 마라". 길고도 긴 오르막을 1시간 정도 오르면서 '아이고 힘들어 죽겠다' 와 ' 그래도 쉬지 말고 올라보자' 는 두 감정의 갈등으로 번민해야 했다. 안정순 씨는 정영오 씨의 지팡이를 잡고 근근이 끌려올라가다시피 했다. 봉화산(649.2m)이다.

"아이구야. 오늘 이 산에 오르길 잘했지. 다음 구간 때 처음 이 길을 올랐으면 그날 산행은 망칠 뻔했데이."

가볍게 오르락내리락하는 능선을 지나 서북산으로 향하기 전에 마산 진북면 서북동 마을로 내려오면서 8구간을 마무리했다.

낙남정맥 트레킹 구간 지도

트레킹 8구간 [12.5km]
마산 쌀재고개 - 대산 - 광려산 - 한치고개 - 봉화산 - 갈밭골(서북산 아래)

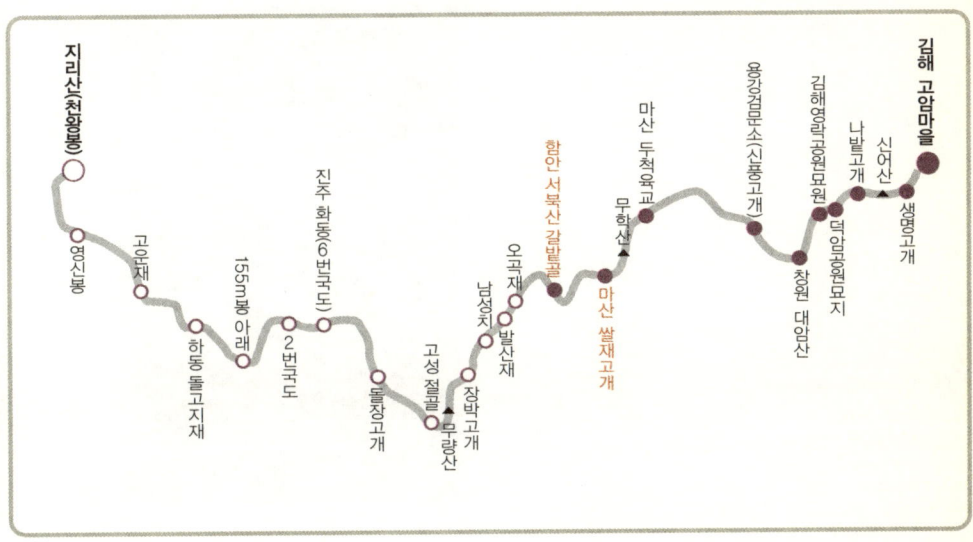

정맥꾼 '가수' 강정철 씨

평소엔 말없다 핀잔
듣는데 산에만 오면
흥이 절로 나요

"제가 태어나고 자란 곳을 속속들이 알고 싶다는 생각을 예전부터 했습니다."

낙남정맥 종주 트레킹을 시작할 때부터 『산경표를 위하여』라는 책과 각 지역별 지도를 들고 낙남정맥의 의미를 찾으려 노력하는 강정철(47) 씨. 그는 산행 때마다 김 대장 곁에서 지도를 읽고 주변 산세를 꼭 확인한다.

6~7년 전부터 '우리 지역에도 낙남정맥이라는 옛 선조들이 밟던

땅이 있었구나' 라는 생각에 꼭 한번 낙남정맥을 밟아 보리라 결심했던 그는 '8구간은 고향인 마산 중리 내서읍 삼계리를 지나는 구간이라 다른 구간보다 더욱 감회가 깊고 정이 가는 정맥"이라고 한다. 광려산에서 왼쪽으로 정맥 능선을 밟고 대산으로 향했는데, 오른쪽으로 꺾어 내려가면 그의 고향마을이 나온다고.

그는 이번 낙남정맥 종주 트레킹에 참여하면서 정맥꾼의 힘겨움을 덜어주는 '도민 방송' 아나운서이자 '가수' 로 변신했다.

"집에서는 평소에 말이 없다고 핀잔을 듣는데 산이나 들로 나가면 나도 모르게 노래가 술술 흘러나오네요."

노래를 부르면 폐활량도 좋아지고 힘듦도 덜 수 있지만 무엇보다 스트레스 해소에 노래가 최고라고 그는 말한다.

트레킹 9구간 [8.4km]

|2000년 12월 10일|
함안 서북산 - 여항산 - 미산재 - 오곡재

"야릇한 취미에 빠져 시간을 보내는 것은 어떨까. 나뭇잎으로 온몸을 장식하고 신나게 춤을 춰 본다든지. 때리는 듯 세차게 떨어지는 빗방울을 맞으면서 혹은 갑작스레 밀려오는 추위에 몸을 부르르 떨며 괴로워하면서도 묘한 쾌감을 느껴본다든지.…" – 안톤 슈낙 『우리를 행복하게 하는 것들』 중에서

산에 오르는 것은 '중독'이다. '추운 날씨에 구들방에 앉아 지짐이나 부쳐 먹지, 등산은 무슨 등산' 하다가도 산에 가야할 때가 되면 비가 오나 바람이 부나 산에 내 몸을 일단 맡겨본다.

추위에 대해 나름대로 무장을 한 20명의 정맥꾼은 서북산 아래 마을에서 9구간 마지막 능선을 찾아 임도를 따라 올라갔다. 10구간 시작점엔 우리 정맥 팀 외에도 여러 산악회 표지기가 걸려 있다.

서북산으로 가파른 오름길은 제대로 아침을 못 먹었거나 산행을 앞두고 술을 자제하지 않았던 정맥꾼들에겐 여전히 어려운 코스다. 서북산 정상을 눈앞에 두고 여러 번 숨을 고른다.

'서북산 전투는 6·25 한국전쟁 등 낙동강 방어전투가 치열했던 1950년 8월에 미 제25사단 예하 제5연대 전투단이 북괴군을 격퇴하여 유엔군의 총반격작전을 가능케 했던 전적지이다.' 서북상 정상에는 '서북산 정상 738.5m'라고 씌어진 표지목과 지역주민들이 지난 95년 11월에 세운 서북산 전적비가 그럴싸하게 자리하고 있다.

"낙엽은 원 없이 밟아보는구먼."

여항산으로 가는 능선은 깡마른 나뭇가지와 발목까지 차오르는 낙엽의 바삭거림을 노래 삼아 걷는다.

여항산에 못미쳐 큰바위가 앞을 가로막는다.

"우회하실 분은 우회하시고 바위를 타실 분은 따라오십시오."

김병곤 대장의 말에 정맥꾼들은 이제 아무도 우회하려 들지 않는다. 매끄러운 바위가 아니라서 발 디딜 곳도 있고 손으로 잡을 공간도 있어 수월하게 바위타기를 감행한다. 필요한 곳에 밧줄이 달려있어 꽤 흥미롭다.

여항산 정상엔 벌써 많은 등산객들이 자리하고 있는 모습이 어렴풋이 보였다. 정상을 몇 미터 앞에다 두고 또 바위를 탄다. 첫 번째 바위보다 커다란 어려움 없이 정상을 넘보는 순간 "어서들 올라오십시오." 함안에 파견돼 있는 조재영 기자(현재 본사 자치행정부 기자)가 다른 길로 먼저 여항산 정상에 올라 정맥꾼들을 반겼다.

'여항산 770m'. 함안의 한 산악회에서 표지기를 최근에 세운 듯하다. 함안은 물이 거꾸로(북으로) 흐르기 때문에 풍수지리상으로

'불경스러운' 땅이라 불렸고, '역수의 고장'이라고 하여 나라로부터 무척 홀대를 받았다고 한다. '여항(艅航)'이란 지명은 '산이 오히려 낮아 배를 쉬 저어 갈 수 있다'는 뜻을 담아 배가 닿는 포구를 뜻하게 해, 지형이 높으면서도 이름을 통해 지형을 낮추는 조상들의 지혜가 돋보인다. 함안 '대산(代山)'도 낮은 지형인데 '산을 대신한다'고 지형을 높여 일컬은 지명이다.

여항산은 '갓데미산'이라고도 불린다. 한국전쟁 때 격전지였던 이곳은 당시 미군들이 많이 희생돼 미군들이 이 산을 보고 '갓뎀'이라는 욕설을 퍼부었다고 한 데서 유래됐다고 한다. 사실 당시 낙동강 전투는 최후의 방어선이었는데 지금도 여항산과 서북산이 함락됐더라면 마산지역은 무사하지 못했을 것이라고 지역민들은 진단하고 있다. 그러나 미군들이 내뱉은 욕설을 그대로 산 이름에 적용시킨 것이 아니라 '갓처럼 생긴 산'(갓더미산 또는 갓데미산)을 유래로 보는 것이 바람직할 듯하다.

넓은 바위가 푸근하게 반기는 여항산 정상에서 목을 축이고 조금 지나 넓은 평원에서 점심을 먹었다. 아들 한얼(11) 군과 함께 처음 참여한 한갑현 도의원은 탁 트인 목소리로 '세노야'를 불러 갈채를 받았다.

미산령까지는 부드러운 능선과 내리막길, 오르막길이 별스럽지 않게 연결돼 있어 정맥꾼들은 걷는 게 아니라 뛰다시피 한다. 미산령에서 오곡재 가는 길은 소나무, 떡갈나무, 싸릿대 등이 즐비하다.

여항산 정상에서 미산령을 향한다.

넓은 잎의 낙엽은 여름철 나무들의 무성함을 대변해준다.

오곡재로 향하던 중 누가 입을 뗐다.

"저기 오른쪽에 보이는 바위가 의상대입니다. 의상대사가 있었던 데라던가…".

신라 때 고승 원효와 의상 두 대사가 봉불 수도하던 곳이 바로 원효암과 의상대. 시간이 있으면 의상대도 한 번 가보련만 정맥을 타는 것만도 바쁠 따름이다.

"오늘 비도 안 오는데 좀 더 가입시더."

오곡재를 향하는 내리막길에서 몇몇 정맥꾼이 더 가기를 재촉한다.

"안 돼요. 더 이상 힘들어서 못가겠어요."

"이 기자는 필수요원이니까 '화이팅' 한 번 하면 또 갈 텐데 뭐."

오곡재에 도착해서 함안 조 기자는 함안 군북면 오곡리 쪽으로 내려가고 다른 정맥꾼들은 마산 진전면 쪽으로 하산했다. 대기된 차가 오곡재까지 올라왔음에도 정영오 씨와 정성근 씨는 '힘이 넘치는 것을 어쩔 줄 몰라' 마을이 나올 때까지 달리기를 했다.

낙남정맥 트레킹 구간 지도

트레킹 9구간 [8.4km]
함안 서북산-여항산-미산재-오곡재

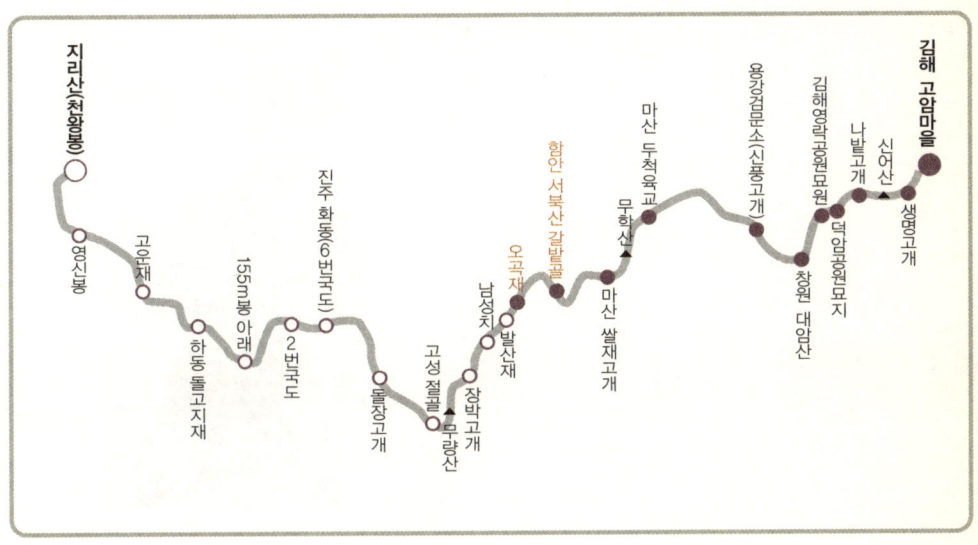

여항산이 좋아 9구간 합류한 정성근 씨

오곡리 쪽은
일제시대 때 금을 캐는
광산촌이었다고 합니다

"의령 자굴산은 많이 알려져 있으나 여항산은 아직 많이 알려져 있지 않은 것 같습니다. 함안 가야읍의 초등학교에 다닐 때 여항산과 의상대 부근으로 소풍갔던 기억이 납니다. 낙남정맥 종주 기사를 보고 이 기회에 한번 여항산 정상을 밟아보고 주변 사람들에게 홍보를 해야겠다고 생각했습니다."

어린시절 추억을 떠올리며 9구간 트레킹에 합류한 정성근(34·창녕군 창녕읍 술정리) 씨. 그는 "예전에 서북산은 울창했지만 여항산은 나무가 없어 헐벗어 있었는데 이번에 올라가보니 여항산에 나무가 참 많다"면서 "고등학교 때 올랐을 땐 여항산 주변 경관이 좋았는데 지금 올라가보니 철탑도 놓여 있고 산허리가 훼손돼 있어 보기가 안 좋다"고 말했다.

그는 9구간 트레킹에 처음 참여했지만 별달리 힘든 내색을 보이지 않아 금세 '초보 산꾼'이 아님이 증명됐다. 9구간 코스 중 의상대 근처 '피바위' 전설과 오곡재에 얽힌 이야기는 정맥꾼들에게 또 다른 흥미를 준다.

어떤 마을에 날개를 단 아기가 태어났는데 점쟁이가 큰 인물이 되겠다고 예견한 바람에 아기가 죽임을 당하게 된다. 아기 부모는 아기를 살리는 방법을 점쟁이에게 물어 의상대 부근 바위에 아기를 숨겨놓는다. 3일만 숨겨놓으면 아기가 살아난다고 했는데 아기를 찾으려는 사람들 고문에 못 이겨 부모가 아기 숨은 장소를 일러주는 바람에 아기는 죽게 된다. 죽으면서 바위에 피를 뿌렸다고 해서 '피바위'라고 불리게 됐다는 전설이 있다고.

그는 또 "함안군 군북면 오곡리 쪽은 일제시대 때 금을 캐는 광산촌이었다고 합니다. 지금도 광산의 흔적이 남아 금을 캐던 동굴들이 더러 보입니다"라고 정맥과 관련된 이야기를 들려주면서 "다른 산악회에도 많이 가봤지만 도민일보 정맥꾼들의 마음이 무척 푸근하다는 인상을 받았습니다. 다음 구간에는 조카들도 함께 데려갈 생각입니다"라고 말했다.

트레킹 10구간 [8.2km]

|2000년 12월 24일|
함안 오곡재 – 522.9m봉 – 발산재

"소리 없이도 소나무는 하나의 음악이다. 멀리서 가만 바라보기만 해도 푸른 솔잎 사이사이마다 은밀한 음악이 고여 있다가 바람을 타고 울리는 것 같다." – 정동주의 『한국의 마음이야기-소나무』 중에서

10구간 오곡재부터 발산재까지는 유난히도 소나무가 많다. 그것도 '쭉쭉빵빵' 늘씬한 소나무들이 서로 껴안거나, 질투하며 등지고 섰다.

이번 구간에는 도의회에서 7명(한갑현, 이준화, 박종수, 이명희, 지현철, 박필선, 허현숙)의 정맥꾼이 참여해 참가자의 3분의 1을 차지했고, 2001년부터 낙남정맥을 타기위해 미리 답사하러 왔다는 갈마산악회원(최백림, 최덕현, 최경철, 안병석, 박영순) 5명과 기존의 정맥꾼(박일, 정영오, 김부곤, 안봉호) 4명, 아이들(정한슬, 정한힘, 황인준) 3명, 김병곤, 송재득 씨와 필수요원 3명 등 총 24명이 정맥에 올랐다.

일기예보와는 달리 포근한 날씨라 옷을 두텁게 입은 이들은 복장

조절에 '실패' 했다. 오곡재에서 출발해 걷는 길은 잡목이 무성하다. 522.9m봉까지 오르는 동안 '침묵산행'이 계속된다. 김병곤 대장의 의도대로 정맥을 느끼려고 침묵한다기보다는 오르기가 버거워 말을 못하는 것이다. 게다가 '카수' 강정철 씨가 오지 않아 산행 내내 '도민 방송'을 하는 사람이 없었다.

늘 시야가 막혀 있다가 조금만 경치가 보일라치면 정맥꾼들은 함성을 질러댄다.

"아야~!"

"아으아~"

"으아아~"

"야~호~"

박일(33 · 진일설비 대표) 씨의 함성이 기막히다.

"어디 아프세요? '아야'가 뭐예요?"

"산들이 아프니까 나도 아파서 대신 '아야'라고 소리가 나오는 겁니더."

재치 있는 기발한 답변이다.

"이곳(522.9m봉)부터는 낙남정맥의 마루금(능선) 중 유일하게 남하하는 지점입니다."

별다른 오르막 없이 잔잔하게 내려갔다 올라갔다 하니까 진짜 '트레킹' 하는 기분이다.

"이번 코스 같으면 나를 안내조로 좀 넣어 주이소."

이명희(52 · 당시 도의회 총무담당관실 자료 담당) 씨가 너스레를 떤다.

어느 묘자리 비스듬한 양지 쪽에서 점심을 먹는다. 처음 참가한 지현철(당시 도의회 총무담당관실 공보담당) 씨가 지난 구간 때 한갑현 도의원(당시 경제환경문화위원장)이 인심 썼던 송이주로 안면을 트기 시작한다. 추운 기운이 등허리를 감싸오자 정맥꾼들은 하나 둘 일어섰고 발산재로 향했다. 기존 정맥꾼들과 합류하기가 어색했는지 따로 점심을 한 갈마산악회원들도 뒤를 따랐다.

소나무의 향연이 눈부시다. '여름이면 더 좋은 코스이겠다' 싶다가 얼굴을 따갑게 스치는 잔가지들에 나뭇잎이 붙으면 얼마나 발걸음을 괴롭힐까 생각하니 겨울에 이 구간을 지나게 된 것이 오히려 다행이다. 정영오 씨는 촘촘히 자라면서 정글의 법칙에 의해 스스로 죽어버린 소나무들을 하나씩 쳐낸다. 공공근로자들이 죽은 소나무들을 제대로 잘라내지 않아 산은 본의 아닌 신음을 또 하고 있었다.

"우와! 저렇게 큰 나무가 이 산골짝에 와 있노. 억수로 신기하네. 무슨 사연이 있는 나문가."

시골마을 어귀의 수백 년 된 정자나무처럼 버티고 있는, 속살이 허연 나무가 정맥꾼들을 놀라게 했다. 영화 〈단적비연수〉에서 마지막에 찾아간 신산에 서 있던 은행나무같이 어떤 빛을 발하는 것 같았다. 주인공 '비'가 죽어 나무 속으로 들어가듯이 몇몇 정맥꾼은 이 이상야릇한 나무를 배경으로 사진을 찍으며 나무에 동화되었다.

발산재에 내려서기 전 진전면 다리골 근처 정맥에선 올가미 덫에 동물이 아니라 사람이 잡힐 뻔했다. 덫을 제거하면서 인간의 무지함을 다시 반성하게 된다. 발산재에 내려서자마자 다음 구간 첫 지점이 허허벌판으로 시야에 포착됐다. 포크레인이 산을 신나게 깎고 있는데, 그 산을 우리가 가로질러 넘어야 한단다.

소나무 군락 틈새에서 이상하리만치
큰 나무가 정맥 능선에 자라고 있어 생경하다.
마치 가족이 이 산에 와서 나무가 된 것처럼
가장 덩치가 큰 나무와 작은 두 나무가
일정한 각도로 서로를 응시하고 있다.

크리스마스이브 산행에
참가한 '막내들'

여기만 내려가면
돼요? 정말로요?
"힘들어요"

　도심에 캐럴송이 울려 퍼지는 크리스마스이브. 정맥에서 크리스마스이브를 만끽하려는 정맥꾼 '막내들'이 10구간 트레킹에 참여해 대견했다.
　정영오(45·부동산월드 대표) 씨의 두 아들 한슬(15·당시 마산해운중3) 군과 한힘(12·당시 마산월포초교6) 군, 그리고 황원호 기자의 아들 인준(11·당시 마산월영초교5) 군. 아직은 친구와 컴퓨터 게임이 좋고, 노는 것이 즐거울 아이들이 낙남정맥을 '느끼려' 동행한 것에 자꾸 눈길이 갔다. 더욱이 이 세 명은 힘들단 말 한마디 없이 묵직하게, 어른들과 똑같이 정맥을 탔다.

마지막 발산재로 내려서는 내리막에서야 "여기만 내려가면 돼요? 정말로요?"라고 다짐을 받는 인준 군과 발산재휴게소에 닿아 정맥을 타보니까 어떠냐는 질문에 "힘들어요"라고 짧게 내뱉는 한슬·한힘 형제.

지난 10월 아빠와 함께 경주서 열린 동아마라톤에 참여한 한슬 군은 당시 얼마 전 치른 고입 선발시험의 여운이 채 가시지 않은 듯했으나 정맥을 타서 그런지 뽀얀 얼굴이 불그레 물들어 더 미남이 됐다. 듬직하고 말수가 적은 한힘 군은 오락과 축구를 즐겨한다며 "약속이 없어서 산에 왔어요"라고 무뚝뚝하게 말했다.

인준 군은 "햇빛을 받으면 주황색으로 변해요"라고 염색한 머리를 자랑하면서 "히말라야 등반에 성공한 아저씨(송재득 씨) 사인을 받아 친구들에게 뽐내니까 좋고, 정맥 타는 날이 되면 그냥 가고 싶다"고 말했다.

낙남정맥이 무엇인지 아직 잘 모르지만 정맥을 타면서 남다른 꿈을 키워가는 희망의 정맥꾼 '막내들'에게 갈채를 보냈다.

2001년을 기약한 정맥꾼 망년회

12월 24일 2000년 마지막 트레킹에 참여한 정맥꾼 20명은 10구간을 마치고 정맥꾼 안정순 씨가 운영하는 '마당넓은집'에서 뒤풀이를 했다.

타닥타닥 타들어가는 벽난로 위로 지난 8월 6일부터 시작된 숱한 추억들이 오버랩됐다.

"첫 구간 때 기진맥진했던 취재기자들이 이제는 완전 산꾼이 다 됐다"는 칭찬과 함께 어느새 정들어버린 정맥꾼들의 진한 애정이 막걸리 잔으로 넘쳤다. 사진첩을 만들어준다는 김석봉 기자의 말에 프래시가 터질 때마다 서로 얼굴을 내미는 익살스러움, 구수한 민요와 향기로운 가곡, 얼큰한 트로트가 한데 어우러져 분위기를 돋웠다. 김병곤 대장은 "산행을 많이 해봤지만 이번 팀처럼 각자 개성이 뚜렷하면서도 단합이 잘되는 팀은 처음 봤다. 아마 큰일(?)을 낼 것 같다"고 말했다. 술기가 무르익을 무렵 정맥꾼들은 또 다른 크리스마스이브 축제(?)를 위해 각자 길을 나섰다.

함안구간을 마치고

광려산에서 봉화산~서북산~여항산~오곡재~발산재까지 이어지는 낙남정맥 함안 구간은 마산구간보다 잘 정돈돼 있지도 않고 사람이 많이 다니는 길도 아니다. 겨울산행을 한 덕분에 여름이면 무성히 자랐을 법한 잡목과 덤불을 피했으나 여름산행은 무척 고달플 것 같다.

광려산 정상으로 오르는 길에서 만나는 아랫 바람재는 억새의 향연과 마산의 바다풍경이 어우러져 한 폭의 수채화와 비유된다. 이 지점에 함안군이나 마산시에서 운치 있는 산장을 만들면 멋진 휴식처가 될 것이다. 또 대산에서 광려산까지는 진달래군락이 형성돼 있어 봄에 진달래와 관련된 이벤트를 만들면 좋은 관광상품을 만들 수 있다.

서북산과 여항산을 오르는 길도 한국전쟁 때의 모습을 되살리는 역사의 현장을 재현하는 관광 상품을 기획해 볼 만하며, 오곡재부터 발산재까지는 산을 오르기에 그리 힘들지 않고 소나무가 계속 줄을 잇고 있어 여름철에 삼림욕하기에 아주 좋은 코스다. 삼림욕장으로 만들고 오곡재에 산장을 만들면 많은 이들이 찾을 것이다. 오곡재까지는 임도로 차가 올라가기 때문에 편리하다. 발산재에는 이미 휴게소가 만들어져 있으나 낙남정맥꾼들을 위한 산장을 마련한다면 더 의미가 있겠다.

함안 구간의 산들은 암벽을 타는 묘미가 그만이다. 서북산 정상을 향할 때 중간 부분쯤 널찍한 바위가 눈앞을 가로막는데 옆으로 피해 길을 찾을 수도 있지만 다음 암벽을 타기 위한 전초전으로 미리 연습하는 코스라고 해도 무방하다. 바위가 매끄러워 손과 발을 둘 곳이 마땅찮으나 그러면서 터득하는 게 암벽 타기라니 용기와 도전심을 기르는 데 그만이다.

서북산에서 여항산으로 향하는 길목에는 제법 길쭉한 바위산이 가로막는다. 물론 옆길이 나 있지만 웬만큼 산을 타다보면 호기심에 바위산을 선택하게 된다. 도전의식이랄까. 여항산 정상을 앞두고도 타잔처럼 줄을 잡고 나무를 안으면서 바위를 가까스로 오르는 코스들이 흥미롭다. 청소년들의 용기를 북돋워주는 극기 훈련이나 체험 학습 코스로 개방하면 효과적이다.

함안 구간에는 지도와 실제지형이 다른 곳이 더러 눈에 띈다. 국립지리원에서 발행하는 지도에는 광려산이 광로산으로 표기돼 있는가 하면 정상 높이도 720.2m봉이라고 표기돼 산행을 하는 이들에게 적잖은 혼동을 일으킨다. 광려산의 실제 봉우리는 750m봉이라고 한다.

여항산의 정상높이도 770m로 몇 해 전에 바꾸어놓은 것이다. 산을 아끼는 마음을 산행을 하지 않는 이들은 잘 모른다. 잘못 표기된 내용과 아름답게 자연을 꾸미는 방법을 많은 이들에게 알리고 보급하는 일들을 등산객, 정맥꾼뿐 아니라 지자체에서 함께 고민하

오곡재에서 발산재까지 이어지는 소나무 숲은 겨울철보다 여름철 산림욕장으로 적격이다.

면 빠른 해결책을 마련할 수 있을 것이다. 각 구간에서 인적을 느낄 수 있는 지점(고개, 휴게소, 등산로 등)에 낙남정맥을 알리는 지도나 표시를 하는 작업도 작지만 산을 배려하고 역사의 끈을 놓지 않는 일이다.

다른 정맥꾼들이 달아놓은 표지기를 통해 정맥을 느끼고, 정맥을 다시 확인해 경남도민일보 표지기를 달아 다음 정맥꾼들에게 표시를 해두는 일도 정맥을 잇는 아주 중요한 작업이었다.

낙남정맥 트레킹 구간 지도

트레킹 10구간 [8.2km]
함안 오곡재 – 522.9m봉 – 발산재

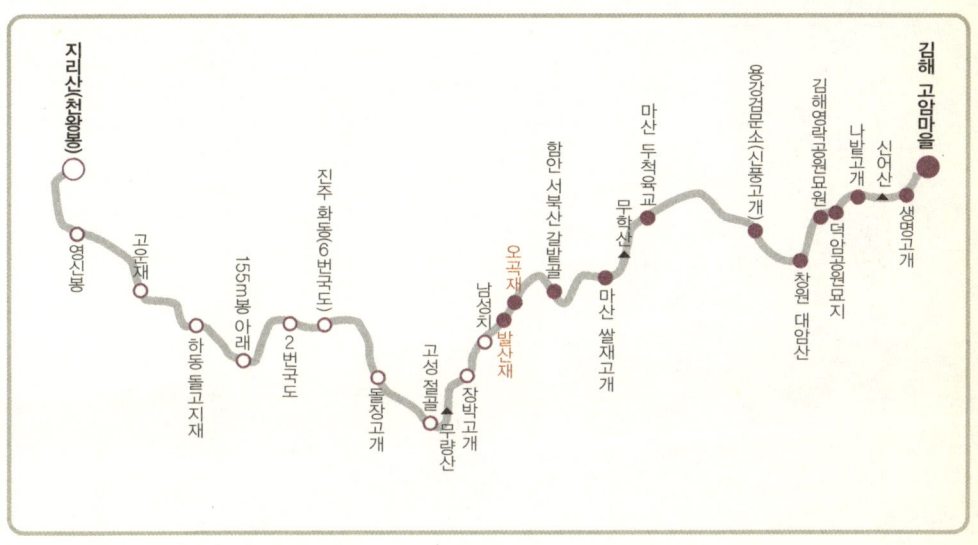

함박눈을 밟으며 산토끼와 함께
고성 구간 [11~13 구간]

트레킹 11구간 [7km]

|2001년 1월 7일|
발산재-깃대봉-418.5m봉-남성치

"폭풍주의보에다가 대설주의보에다가 경남지역에는 하루 종일 눈이나 비가 온다는데 이래갖고 산에 갈 수 있을까요?"

"눈이 와도 좋고 비가 와도 좋고, 그런대로 재미가 있습니다."

11구간 산행 전날 밤, 김병곤 대장에게 전화를 해서 날씨 때문에 다음주로 정맥 트레킹을 미루자고 얘기하려다가 일언지하에 거절당했다.

1월 7일 오전 7시. 마산종합운동장 정문에는 낙남정맥을 타려는

새해 첫 낙남정맥 종주 트레킹에 참가한 정맥꾼들이 발산재에서 출발해 깃대봉으로 향하는 눈 덮인 능선을 오르고 있다.

정맥꾼들이 하나둘씩 모이기 시작했다.

"중리에는 눈이 너무 많이 와서 차들이 거북운행을 한다네요."

"어젯밤 새벽 1시까지 술 먹다가 산에 가야 된다 싶어서 술집에서 나왔는데 함박눈이 오데요. 처음엔 산에 못 가겠다 싶었는데, 분명히 갈 거라고 생각했습니다."

처음 참가한 건축사 허정도(현재 경남도민일보 대표이사) 씨는 "오늘 산에 가기는 가네요. 이 날씨에도 올라간단 말이죠"라고 재차 확인한 뒤 '무장'을 하고 버스에 올랐다.

새해 첫 산행이라 32명이나 신청했는데 날씨가 궂어서 몇 명이 불참했다. 24명의 정맥꾼이 지난 구간 때 내려왔던 고성 발산재로 향했다. 간밤에 내린 눈이 고성의 산들을 하얗게 덮고 있다. 눈은 보는 것만으로도 즐겁고 설렌다. 계속 눈이 오면 좋으련만 금세 진눈깨비로 변하더니 이내 비로 둔갑해 빗방울은 발자국 하나 없던 눈 위로 우둘투둘한 무늬를 만들기 시작한다.

발산재에서 깃대봉으로 향하는 첫 지점은 눈의 천국이다. '새해 첫 산행에 눈, 그것도 서설을 밟다니. 이런 기회가 아니면 일부러 눈 오는 날 산에 오르는 '이상한' 만용은 저지르지 않을 것이 분명하다' 는 생각에 오히려 뿌듯한 그 무엇이 가슴을 벅차게 한다. 미끄럼을 주의하며 오름짓을 해서 높은 능선에 서니 눈 덮인 다른 산들이 동공을 확대시킨다. 참 좋다.

"산에 오지 않았으면 자고 있을 시간인데…. 감사합니다. 하느님."
한갑현 도의원은 너무나 감격해 엉겁결에 하느님까지 찾는다.
깃대봉까지 오르는 동안은 우중에 산행한 경험을 교훈삼아 꿋꿋이 걷는다. 비가 오니까 모자를 눌러쓰고 바람을 막느라 주변 경치는 마구 놓치고 앞길만 보고 갈 뿐이다. 봉우리에 올라서도 쉴 수가 없다. 서서 쉬는 것보다 걷는 것이 체온을 뺏기지 않는 방법이니 숨이 차고 다리가 아파도 천천히라도 걸어야 한다.

깃대봉을 내려서서 418.5m봉으로 가는 길부터는 비와 안개가 시야를 흐려놓아 경치 보기는 아예 포기한다. 눈 때문에 내리막길은 더 조심스럽다. 눈이 등산화에 밟혀 비껴나가면서 젖은 낙엽들이 고

"저기 토끼다."
"어디요? 아, 못 봤네.
무슨 색이던가요?"
"재색이요."

개를 내민다. 등산화 속으로 물이 들어가 젖기 시작한다. 빨리 내려가고 싶은 마음이 굴뚝같다. 대장의 눈치만 본다.

"오늘 탐티재까지 못 가겠는데요. 남성치에서 끝내죠."

"그래야겠네요. 앞으로 세 개 봉우리만 넘으면 남성치니까 오늘은 거기서 끝내도록 하겠습니다."

'에잉. 봉우리를 세 개나 넘어야 한다고?'

"저기 토끼다."

"어디요? 아, 못 봤네. 무슨 색이던가요?"

"재색이요."

봉우리 넘을 걱정에 눈밭에 뛰어노는 토끼도 제대로 못보고. 마음을 비워야 얻는 게 있다는 선현의 말을 절감한다.

점심도 먹지 못한 채 술로 한기를 없애고 허기를 메운 정맥꾼들은 눈 산행을 추억으로 만들기 시작했다.

목장 같은 분위기의 고개에서 봉우리 세 개를 넘은 뒤 남성치로 내려오는 내리막길에서 김 대장이 보기 좋게 엉덩방아를 찧는다. 뒤따르던 황 기자는 '그것 참 고소하다'고 큰 웃음을 하지만 낙엽길보다 눈길에 미끄러지니까 괜히 안쓰럽다.

"눈 오는 날 내리막길은 스키 타는 사람들이 중심을 잘 잡으니까 잘 내려가겠다."

누군가 빗대어 위로를 한다.

남성치에는 어느 망자의 하관이 진행되고 있는 중이었다. '눈 오는 날 가시는 분도 참 춥겠구나.' 무장을 잘못했는지 허정도 씨 외에는 모든 정맥꾼이 발이 젖어 목적지에 도착하니 추위가 엄습했다. 고성군 구만면에서 하산하여 기다리던 버스에 몸을 실었다. 점심도 먹지 못한 채 술로 한기를 없애고 허기를 메운 정맥꾼들은 눈 산행을 추억으로 만들기 시작했다.

"이런 산행은 처음이에요. 평생 잊지 못할 것 같아요." 허현숙 씨의 말에 수긍하며 내려온 능선을 물끄러미 올려다본다.

강수식 씨의 '마음은 무량산을 타고' – 특별기고

경남도민일보가 주관하는 낙남정맥 종주 팀이 새해 1월 7일부터 고성구간으로 진입했다. 태어나서 터 잡고 사는 고성 구간만이라도 함께 산행을 해보고 싶은 마음 굴뚝같았으나 내 나이 벌써 칠순을 바라보고 몸마저 성치 못해 부득이 고성향토사연구회 회원인 정해룡 군에게 "고성사람 한 사람이라도 동행하는 것이 도리이자 의무가 아니겠는가"라고 했더니 흔쾌히 동의해 주었다.

몸은 남의 것을 빌렸지만 마음은 벌써 고성구간 중의 백미인 무량산(필자가 눈 감기 전 꼭 가보고 싶은 산)에 올랐다. 무릇 산은 세 곳에서 바라보아야 한다고 한다. 가까이서, 멀리서, 그리고 정상에서 아래로. 필자는 가까이서, 멀리서 늘 무량산을 바라보고 있다. 그러나 무량산에 올라 아래를 굽어보지 못한 것이 한으로 남아 있다.

지리산에서 출발해 진주를 거쳐 고성읍과 대가면, 상리면에 뿌리를 내리고 고성시내를 병풍처럼 아우르며 선 무량산은 분명 고성의 진산이라고 고서에도 기록돼 있다. 무량산에서 동남향으로는 고성 전경이 한눈에 들어온다. 땅은 마치 지네가 서에서 동으로 기어가고 있는 형세이며 봉우리는 하늘로 치솟는 용의 모습을 하고 있다. 지네의 등을 남북으로 갈라 동쪽 물은 율천을 이뤄 고성평야를 적시며 당항포만으로 흘러들고, 남쪽 물은 대독천을 거쳐 고성만으로 들어간다. 당항포만과 고성만은 무량산이 베푼 넉넉하고 깨끗한 물의 은덕으로 수만 종의 어패류와 해초를 길러준다. 또한 무량산은 낙남정맥의 근간을 이루면서 고성반도란 작은 아들 하나를 두었는데, 오늘의 통영시에 해당하는 땅덩어리다. 수백 년간 통영은 고성 땅이었으나 일제시대 통영군으로 분할되었다가 상업자본이 번창해지면서 고성반도 인구를 먹여 살리는 후방기지 역할을 수행해왔지만 지금은 탯줄을 끊어간 격이 되고 말았다.

무량산 서쪽으로는 사천시 정동면의 비옥한 옥답을 무량산에서 발원한 사천강이 적셔준다. 사천평야를 관통하는 사천의 물이 무량산에서 비롯한다는 그 상징성으로 인해 고성 상리면과 사천 정동면 사람들은 지금까지도 형제간처럼 지내고 있다. 무량산 북쪽으로도 무량산에서 흘러내린 갈천리의 갈천과 송계리의 물이 만나 영천강을 이루고, 영천강은 영오천과 짝을 해 진주 남강과 한 몸이 되어 낙동강 거센 물에 합류한다. 남강의 지류로서 당당히 낙동강 본 줄기와 하나 되어 낙남정맥 종점인 동신어산을 어루만져 주며 흐른다.

무량산 자락에는 법천사라는 해인사 다음으로 큰 사찰이 있었으나 지금은 흔적이 없고 종종 지주석, 석조물, 희미한 부도탑 등이 출토되어 대가람이었음을 무언으로 말해준다. 무량산이란 이름은 어느 큰 스님이 "무량수는 영생에 귀일하고, 무량대수는 무한대에 귀결한다"는 불교 용어를 따 지은 것으로, 지상 최고의 산 이름이라 여겨진다.

궁예가 썼다는 관심법(觀心法)을 필자도 차용하여, 직접 몸으로 산행한 회원을 통해 낙남정맥 고성구간의 무량산을 직접 올라가 본 것처럼 읊조렸으니 용서해주시고 경남도민일보 팀이 남은 구간을 무사히 마치길 빌어마지 않는다.

강수식(고성향토사연구회 이사)

낙남정맥 트레킹 구간 지도

트레킹 11구간 [7km]
발산재-깃대봉-418.5m봉-남성치

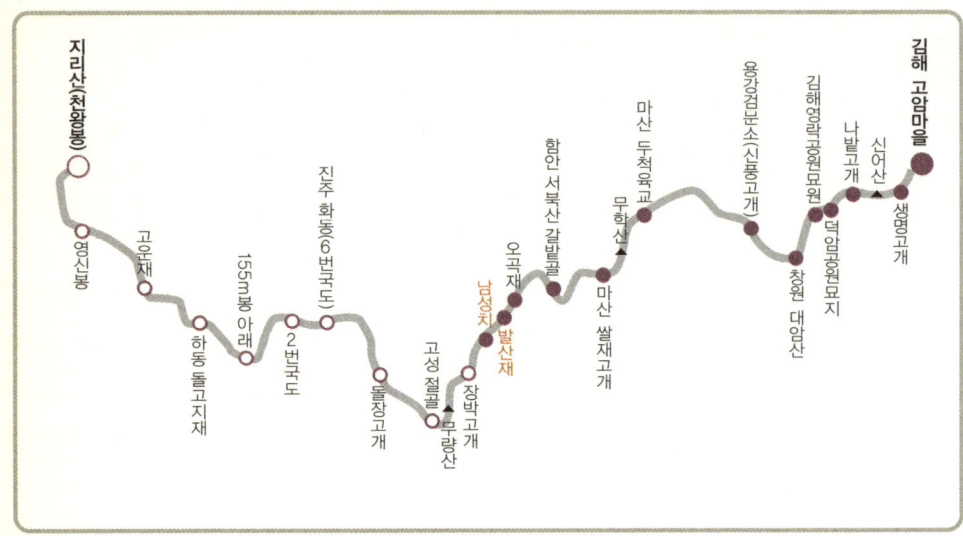

트레킹 12구간 [14.5km]

|2001년 1월 21일|

고성 남성치 – 용암산 – 필두봉 – 새터재 – 탕근재 – 신고재 – 배치고개
– 덕산 – 떡고개 – 성지산 – 장박고개(1009번 지방도)

정맥엔 이미 봄이 오고 있다. 서리가 쌓인 눈길 위로 파릇파릇 고개를 내미는 풀, 따뜻한 햇살에 못 이겨 기지개를 켜는 대지, 정맥꾼들이 느끼는 산 기운. 어느 것에나 봄 내음이 새록새록 묻어난다.

고성군 구만면 화촌마을. 조선 인조 때 왜적을 무찌른 의민공 최균과 의숙공 최강 형제의 공덕을 기려 세운 도산서원을 지나 지난 11구간 때 끝냈던 남성치까지 준비운동 삼아 천천히 걷는다. 전날의 차가운 날씨와 달리 산을 오르기도 전에 등줄기로 땀방울이 맺힌다.

남성치에서 용암산(399.5m)까지는 힘겨운 오르막이다. 두 구간이나 빠졌던 '도민방송 아나운서' 겸 '정맥꾼 가수' 강정철 씨가 이번 구간에 참가하면서 오름짓 동안 '도민방송' 마이크 테스트가 한창이다. 그러나 다른 이들은 입이 있어도 침묵산행이다. 정맥꾼 대부분이 평상시엔 운동 한 번 안하다가 정맥 트레킹 때만 산에 오르는지라 늘 힘들다. '내면의 땀'을 흘리는 까닭에 얼굴엔 땀방울 하나 맺히지 않는 강수자 씨는 "힘드는 것을 즐기면서 올라보세요"라

고 충고하지만 역시 허사다. 햇살이 정맥으로 뻗치면서 서걱이는 눈 사이로 질척거리는 누런 황토 흙이 등산화를 도배한다. 눈과 흙이 반복되면서 등산화는 점점 무거워진다.

새로 온 식구들이 눈에 띈다. 심재근, 심창보 부자와 백은석 씨, 지난 구간 때 참여했던 허정도 씨와 함께 온 안명헌, 우명윤 씨, 고성구간(11구간)부터 참가한 정해룡 씨 등과 초창기 정맥꾼 등 25명이 12구간의 멤버다.

탐티재에 내려서면서 가벼운 운동화를 신고 온 심창보(14) 군의 발에 무리가 생기기 시작했다. 첫 구간 때 발에 꽉 맞는 등산화 때문에 발톱이 혹사당한 기억이 되살아났다. 운동화 끈을 느슨하게 풀어 매게 하고 필두봉을 향한다. 눈길을 밟고 따가운 햇볕을 왼쪽 얼굴에 받으며 수없이 많은 나무의 집들을 지난다. 커다란 동물의 발자국이 눈 위로 나 있어 정맥꾼들은 잠시 토론이 벌어진다.

"곰인가?"

"분명히 고양이과 동물인데…".

결론이 나지 않는다.

새터재로 가는 내리막길 전에 자연의 신비로움이 펼쳐진다. 황금색 잔디와 그 위로 빽빽이 자리한 소나무의 거룩한 향연에 우리는 모두 정신을 잃을 지경이다. 정맥꾼들은 앞서가는 김 대장을 불러 세워 휴식시간을 요청한다. 강정철 씨의 산 노래를 들어보지 않을 수 없다. '사랑의 노래'를 유창하게 뽑던 강씨가 주위 경치에 한

햇살이 송림을 뚫고 정맥으로 뻗치면 정맥꾼은
그 기운을 받아 일사천리로 능선을 오른다.
머지않은 봄이 등산화에 밟힌다.

눈을 팔았는지 중간에 가사를 잊어먹는다. "잘 부를 때까지 앙코르!"라고 외치는 정맥꾼들의 밉살스럽지 않은 호응에 기운을 낸 강 씨가 가곡 '수선화'를 멋지게 불러 송림을 야외음악회장으로 만들어버린다.

새터재에서 심창보 군이 발에 물집이 생겨 아버지 심재근 씨와 함께 정맥꾼들과 아쉬운 작별을 하고 하산했다.

탕근재까지는 힘겨운 오르막과 오르락내리락을 계속하는 짓궂은 길이다. '여름이면 사람 완전 죽이겠군.' 내리막길 바위에 간간이 눈얼음이 녹지 않아 미끄러지기 일쑤다. 앞서 가던 황 기자가 보기 좋게 넘어져 "고소하다"고 핀잔을 줬더니만 이야기하기가 무섭게 취재기자가 넘어지는 바람에 '인과응보'니 '사필귀정'이니 하며 놀림을 되돌려 받았다. 넘어지는 바람에 갑자기 기가 빠져나간 듯하다더니 황 기자가 급기야 중도에 탈락했다. 힘들 때 같이 가던 사람이 빠지면 왠지 더 기운이 없어지고 맥이 빠진다.

신고개에 못 미쳐 양지바른 곳에서 서너 군데로 나뉘어 점심요기를 했다. 역시 베테랑 주부인 박필선 씨와 강수자 씨의 진수성찬이 마른 입에 군침을 돌게 한다. 버너와 코펠을 준비하고 미리 요리한 김치찌개를 끓여내 풍성한 점심을 즐겼다.

신고개에서 배치고개까지 가는 길은 어떻게 갔는지도 기억이 안 난다. 가파른 오르막길에 서 드디어 취재기자는 뒤처지기 시작한다. 앞사람의 걸음을 따라가기가 버거워 스스로 페이스를 맞추는 게 더

편하다.

"겨울 산행은 무조건 해가 떨어지기 전인 오후 4시까지는 하산을 해야 합니다. 이제 봉우리 10개만 넘으면 되니까 힘내십시오."

'아휴~, 지금도 힘이 달리는데 봉우리를 10개씩이나 넘어야 된다고?'

간간이 애절하면서도 활기차다가 끙끙 앓는 '도민방송'이 산을 울릴 뿐, 일사천리로 정맥을 타는 정맥꾼들은 모두들 아무 말이 없다. 드디어 10㎞쯤 걸었을 무렵 김 대장의 저력을 감지하지 못한 몇몇 정맥꾼이 "한 번에 이렇게 많이 가는 산행은 너무 힘들다"며 투정도 부리지만 이왕 올라 온 산이니 내려갈 때까진 함구할 수밖에.

1007번 지방도에 걸쳐있는 배치고개를 지나 덕산에서 성지산 방향으로 오르는 길은 거의 수직 코스다. 마지막 필사의 땀방울이 온몸을 적신다.

"이제 봉우리 한 개 넘었다"

"이제 봉우리 일곱 개 남았다"

"인자 다섯 개만 넘으몬 된다"

"아이고, 인자 몇 개 남았노".

봉우리 세기가 급박해질수록 정맥꾼들은 다시 힘을 내고 또 웃고, 차 소리가 들리는 1009번 지방도에 다다른다.

"넘을 봉우리가 아직 더 남았는데 다 온 겁니꺼?"

"다 왔습니다."

"대장님, 왜 봉우리를 10개나 넘어야 한다고 거짓말 했어요?"

"10개 안 넘고 빨리 내려왔으니까 더 좋잖아요."

총 14.5㎞에 40여 개 봉우리 통과. 예상했던 거리보다 훨씬 긴 정맥을 밟았다.

"힘들었어도 오늘 산행은 오르락내리락 재미가 있다 그죠?"

강수자 씨는 여전히 생생하다. 무릎이 아파 내리막에서 고생한 박필선 씨는 다리 아픈 건 고사하고 집안일부터 걱정이다.

"내일부터 설 준비해야 되는데…."

낙남정맥 트레킹 구간 지도

트레킹 12구간 [14.5km]

고성 남성치 - 용암산 - 필두봉 - 새터재 - 탕근재 - 신고재 - 배치고개
- 덕산 - 떡고개 - 성지산 - 장박고개(1009번 지방도)

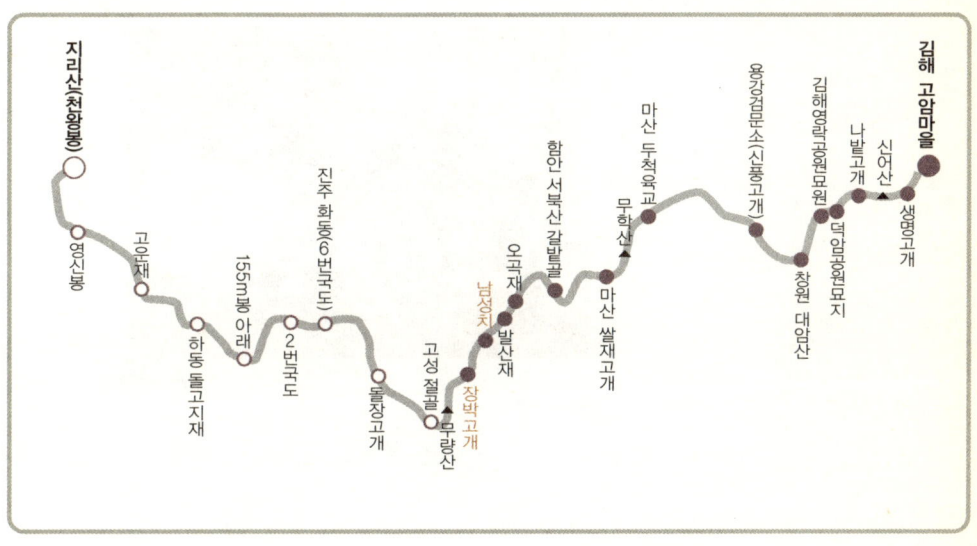

새해들어 식구가 불어난
도의회팀 정맥꾼

도의회팀은
열한 번째 정맥을
타는 취재기자들보다
훨씬 산을 잘 탄다

산은 사회에서 직책이나 부질없는 편견 따위를 아름답게 덮어준다. 보송보송 쌓인 눈이 땅에 흩뿌려진 세월의 흔적을 묻는 것처럼.

1구간 때 이준화(당시 기획행정위 전문위원, 현재 도 기획관) 씨와 박종수(특별위 전문위원) 씨만 참가했던 도의회팀 정맥꾼이 새해 들어서는 10명으로 불어났다. 정맥의 묘한 기운이 세파에 찌든 사람들을 산으로 불러내는 모양이다.

이준화 씨와 이명희 씨는 늘 아내 박필선, 강수자 씨와 같이 참가해 금슬 좋은 부부로 부러움을 산다. 게다가 간간이 우스갯소리로 오르막길에서 힘겨움을 덜어주는 재치꾼들이다.

지난해 연말부터 참석한 지현철(당시 총무담당관실 공보담당), 허현숙 부부도 은근히 부부애를 과시하는 정맥꾼. 10구간부터 참여한 까닭에 그동안 정맥을 탔던 이들보다 힘들 텐데도 열한 번째 정맥을 타는 취재기자들보다 훨씬 산을 잘 탄다.

한갑현 도의원은 1999년 경남대 산악연맹과 함께 '다울라기리'봉에 오르면서 등반대장을 한 베테랑 산꾼. 그는 "낙엽이 썩지 않아 산의 환경이 엉망이 되고 있고 공공근로사업이 제대로 되지 않아서 산의 나무들이 제대로 자랄 수가 없다"며 정맥을 타며 느끼는 나름의 환경의식을 내비치기도 한다.

11구간에 처음 참가한 김병천(당시 전산담당), 박오순 부부, 최진옥(당시 기획행정위 전문위원실 직원) 씨는 10여 년 전부터 산을 탄 경험자들이라 눈 오는 날 첫 산행인데도 목적지까지 못 가고 마친 것을 안타까워했다. 박종수 씨는 "늘 낙남정맥을 타보고 싶었는데 경남도민일보에서 내가 원하는 시기에 마침 기획을 해주어서 정말 좋은 기회가 되고 있다"고 말한다.

점심시간 때 즐기는 송이버섯주와 넉넉한 가슴을 갖게 하는 가곡, 뒤풀이에서 늘 즐거움을 주도하는 도의회팀 정맥꾼. 산에서만은 도의회 직원이란 인식을 떨쳐버리고 산꾼으로 열심히 산을 타고 산을 호흡하는 그들이 낙남정맥의 의미와 환경문제의 중요성을 주위 사람들에게 인식시키는 데 큰 도움이 됐으면 하는 바람이다.

트레킹 13구간 [10.8km]

|2001년 2월 4일|
1009번 지방도-백운산-큰재-화리치-마장고개-
대곡산-추계재-천황산-절골

"나는 산을 정복하기 위해 산에 오르지 않는다. 나를 정복하고자 산에 오르는 것이다. 내 마음 안에 우뚝 솟아있는 산의 정상을 향해 오르고 또 오른다. 보이는 산이야 언제든지 누구에게 정복되어지게 마련이다. 그러나 보이지 않는 산, 즉 내 마음 안에 자리한 산을 정복하고 싶어 한다. 늘상 때 묻지 않은 채 성성하게 서 있는 마음의 산을 기대하면서." (황청원의 『마음으로 부르는 이름 하나』 중에서)

1009번 지방도에서 바라본 고성 백운산은 그리 높지 않아 보인다. 왼쪽의 '제일목장'을 지나는 순간 개떼가 몰려와 짖어댄다. 목장지기 개인 모양이다. 하마터면 개밥이 될 뻔했다. 훈련견인지 다행히 사람을 물지는 않는다. 이젠 오르막길에서 페이스 조절하는 게 좀 수월하다. "서당개 3년이면 풍월을 읊는다"던가. 낙남정맥의 반을 걸었으니까 뭔가 달라져야겠지.
이번 구간에는 새 정맥꾼이 6명이나 합류했다. 처음부터 끝까지 묵묵히 뛰면서 정맥을 타는 조진규(42) 씨, 회사동료인 김훈태(42) 이상국(40) 씨, 도의회에서 박형균(43) 강성복(47) 씨, 김병곤 대장의 마지막 산행을 축하해주러 온 동갑 친구 서옥숙(43) 씨 등.

함안 여항산을 지난 이후론 처음으로 널찍한 바위가 맞아주는 백운산 정상에 서니 멀리로 시원한 남해바다가 폐부의 찌꺼기들을 말끔히 씻어내 준다. 그러나 이런 황홀경도 잠시뿐. 김 대장이 미리 예고했던 대로 이번 구간은 오르락내리락 편차가 꽤 심하다. 힘겹게 오르고 나면 바로 직코스 내리막이고 좀 숨을 고르려하면 긴 오르막이고….

큰재를 지나선 내리막길이다. 고성 구간은 유난히 재가 많다. 그 재 중에 '큰재'가 가장 큰 고개이다. 당항포 해전 등 전쟁이 많았던 지역이라 사람들의 이동이 많아서 그런가. 재와 함께 1007번, 1009번, 1002번 지방도로도 정맥에 걸쳐있어 당연히 오르락내리락이 심할 수밖에 없다.

큰재에서 무량산 가는 길은 길쭉한 소나무들이 촘촘하다. 여름이면 키를 훨씬 넘는 송림을 헤치며 가는 수고를 할 테지만 겨울에 능선을 밟으니 경치 좋고 공기 좋고 분위기 좋고 일석삼조다. 정맥길은 아니지만 '무량산 정상을 바로 몇 미터 앞에다 두고' 밟지 않을 수가 없다. 무량산에서 햇빛을 받아 더욱 더 파란 대가저수지를 감상하고, "우리나라는 산도 우째 이리 많을꼬?"라고 기쁨의 탄식을 하는 정영오 씨의 말에 고개를 끄덕이며 봉우리를 두어 개쯤 넘으니

화리치에 다다른다.

화리치에서 한 오르막을 올라 넓다란 소나무 평원과 억새들의 봄을 위한 몸부림을 받아들이며 고성읍이 훤히 보이는 능선에서 점심을 먹는다. 송재득 부대장이 라면파티를 열었다. 모두들 가져간 도시락은 제쳐두고 라면은 금세 동이 나버린다. 너무 라면이 잘 팔려 송재득 씨는 입맛만 다신 채 다시 라면을 끓여야 하는 수고까지 했다. 최진옥(43) 씨가 정겹게 반찬을 내민다.

"이 씨래기 맛 함 보이소."

허기가 면해질 즈음 첫 오르막부터 고생했던 서옥숙 씨는 무릎에 스프레이를 뿌려대고, 고성향토사연구회 회원인 정해룡(53) 씨는 고성 자랑에 열중이다.

"고성은 3면이 바다라 고기가 많이 납니다. 또 와룡산, 벽방산, 청량산 등 수려한 산이 많고, 문인으로는 박목월 선생이 11살 때까지 고성에서 살았습니다. 고성 사람들은 강직하면서도 유순해 목에 칼이 들어와도 옳은 일에는 의지를 굽히지 않습니다. 허문도 씨 등 고위관직 인물도 많이 배출했습니다."

하나둘 자리에서 일어서자 강정철(48) 씨가 복사해 온 악보를 나눠준다. '산노을'을 '낙남정맥가'로 만들자는 제안을 받아들여 정맥꾼들은 합창을 한다. "먼 산을~ 호젓이 바라보면~ 누군가~ 부~르네/ 산 넘어~ 노을에 젖는 내 눈썹에 잊었던 목소린가~"

"와~. 무슨 사이비 종교집단이 노래하는 것 같다~."

마장고개에서 정맥을 끊고 있는 한 사슴목장의 철조망을 뚫고 대곡산으로 향하는 정맥꾼들. 능선을 찾느라 다른 철조망으로 넘어간 이준화 씨가 철조망을 사이에 두고 정맥꾼들과 같이 오르는 모습이 보인다.

"'낙남종주교' 라고 알랑가 모르겠네."

박일(34) 씨와 강정철 씨의 유머에 "푸와하하~" 웃음이 산 전체에 퍼진다.

마장고개에 내려서자 거대한 사슴목장 하나가 나타난다. 고성에서 유명한 조 모 씨의 목장이라는데. 아무리 자신의 땅이라지만 정맥길을 끊고 목장 주위로 철조망을 쳐놔 철조망을 넘은 김 대장 외 4명과 다른 정맥꾼들은 이산가족이 됐다. 철조망을 부여잡고 눈물을 뚝뚝 흘려도 될 지경이다. 하지만 '인간사 새옹지마' 라고 철조망을 넘지 못한 이들이 30여 분 빙빙 돌아 대곡산 능선을 찾아가자 철조망을 넘었던 이들이 또다시 철조망을 넘어와야 하는 불상사가 생겼다.

"그 보세요. '넘지 말아야 할 선' 을 넘으니까 그렇게 되잖아요."

정말 철조망은 완벽하다. 대곡산 오르는 길을 완전히 끊어놓아 우린 급기야 철조망을 뚫고 사슴 똥을 힘주어 밟으며 올라갔다. 사슴들이 정맥꾼들의 야유를 손님이 온 듯 반기는 모습에 '동물이 무슨 죄가 있을까' 싶다.

대곡산은 낙남정맥 능선 중 제일 남쪽에 자리한 봉우리다. 남해바다와 가장 가깝고, 대곡산을 기점으로 해서 이젠 지리산을 향해 올라가게 된다. 추계재에 다다를 즈음 서옥숙 씨와 그의 보디가드로 자청한 박형균 씨가 다리가 심하게 아파 여기서 끝냈으면 했으나 김 대장은 아랑곳없이 다시 앞을 가로막고 있는 천황산을 향해 무심히 올라간다. 점점 커지는 카르멜 수녀원과 입춘을 무시 못 한, 봄 내음을 미리 맡은 보리들의 초록빛 하늘거림이 눈에 들어온다. 삼각점도 없이 측량용 막대기만 있는 천황산 정상을 보며 사람이 많이 다니지 않는 길임을 확인한다.

봉우리 하나를 더 넘고 절골로 가는 내리막에서 정해룡 씨는 외손자 탄생 소식을 접하고 무척 기뻐했다.

"입춘 날에 손자까지 보고 기분 좋네요. 이름을 '도민'으로 할까, '낙남'으로 할까."

고성구간을 마치고

발산재에서 양전산까지 여항산군에서 무량산군으로 이어지는 고성구간은 잡목이 무성하여 등산객들이 전혀 다니지 않는 곳이다. 그나마 겨울에 산행을 했기에 망정이지 여름산행을 했다면 수많은 낯선 벌레들과 나무, 풀과 힘겨운 싸움을 했어야 할 뻔했다.

고성구간에 들어서면서 고성향토사연구회 팀이 경남도민일보 트레킹팀을 좇아 빨간색 리본으로 열심히 낙남정맥임을 표시해주어서 다른 지역보다는 고장에 대한 애착심이 뛰어남을 드러냈다. 고성향토사연구회 회원인 정해룡 씨는 "고성 구간만은 잡목을 자신이 직접 제거해 모든 이들이 마음 놓고 산을 탈 수 있도록 하겠다"고 의지를 표명해 자치단체와 합심하여 정맥을 뚫는 작업을 하면 좋을 듯하다.

고성구간부터 참여한 정해룡 씨

일반인들 등산할 수
있게 이제부터 나무도
정리하고 방향표시도
해야겠어요

12구간 고성구간부터 정맥꾼으로 참여한 정해룡(53·당시 한전 고성지점 근무) 씨.

그는 고성향토사연구회 회원이고, 향토지인 한산신문에 2001년 1월 13일부터 경남도민일보 정맥 트레킹팀과 같이 밟았던 낙남정맥 길을 고성군민에게 소개하고 있는 시인이다.

3년 전부터 고성, 사천, 하동, 남해, 순천 등 한려해상권의 이름 없는 산을 탄 그는 통영 미륵산은 1100번, 벽방산은 500~600번을 올랐을 정도로 산을 좋아하는 사람이다.

"도민일보 낙남정맥꾼들이 고성을 지난다기에 참가했는데 정맥팀 분위기가 너무 좋아 끝(지리산)까지 참가할 계획입니다. 못 밟은 고성 앞 구간은 거꾸로 꼭 가볼 겁니다."

그는 자신도 목이 마를 텐데 물을 넉넉지 않게 가져온 정맥꾼들에게 물을 선뜻 건네주는 인정 많은 아저씨다. 또 정맥꾼이 산에 오를 때 맨 마지막에서 인도해주는 송재득 부대장과 함께 뒤처진 정맥꾼들을 도와주는 구조대 역할도 서슴지 않는다. 노란색 경남도민일보 표지기 옆에 빨간색 고성향토사연구회 표지기를 다는 부지런함도 눈에 띈다.

"야, 12구간은 고성에 살았어도 처음이네요"라고 낙남정맥이 잊혀져있는 이름임을 새삼 느끼는 그는 "고성의 산들은 겨울 아닌 다른 계절엔 야생화 군락지인데, 등산하기는 잡목이 없는 겨울이 훨씬 좋을 것 같다"고 조언하면서 "이제부터 여름에도 일반 사람들이 등산할 수 있게 나무들을 다 정리하고, 낙남정맥임을 알리는 방향표시를 일일이 해줄 계획"이라고 고마운 말을 했다. 갈수록 낙남정맥에 대한 애정이 더해가는 것을 정맥꾼들을 통해 확인하면서 각 지역 산악회에서 정맥을 알리는 일을 맡아주었으면 하는 생각을 해본다.

중간 중간 짐승들을 방목하는 목장들이 정맥에 놓여 있어 목장을 정맥꾼들의 쉼터로 개발하면 좋은 트레킹 코스가 될 것이다. 남성치, 1009번 지방도, 절골, 돌장고개 등 개별 코스별로 시작과 끝 지점에 마산 무학산 코스처럼 낙남정맥 등산 코스를 소개하는 조그만 지도라도 하나 달아두면 무심코 길을 지나던 이들도 한번쯤 마음 내어 올라볼 수 있을 것이다.

고성구간은 발산재, 남성치, 탑티재, 새터재, 탕근재, 신고개, 배치고개, 떡고개, 큰재, 화리치, 마장고개, 추계재, 절골 등 유난히 고개가 많다. 고개에 얽힌 전설이나 지명 유래를 고개마다 설명해놓으면 그것도 볼거리가 될 것이다. 고성의 유명한 장군들의 흔적과 사찰 등도 낙남정맥과 연계해 관광화하면 등산도 하고 역사도 공부하고 마음을 달래주는 코스로 적격이다.

남성치로 올라가는 길목에 있는 고성군 구만면 화촌마을엔 조선 때 왜적을 무찌른 의민공 최균과 의숙공 최강 형제의 공덕을 기려 만든 도산서원이 있고, 발산고개 아랫마을인 진주시 이반성면 발산리에는 계사년 진주성 싸움에서 장렬하게 전사한 김준민 장군의 넋을 기리는 김준민 장군 신도비가 있다.

또 정맥 능선 가까이에 있는 벽방산, 청량산과 문수암, 연화산과 옥천사 등 절경으로 손꼽히는 관광명소들이 즐비하다. 본래 이름이 난 명소들과 낙남정맥을 관련지어 시민들의 휴식처를 만들면 효과적일 것이다.

낙남정맥 트레킹 구간 지도

트레킹 13구간 [10.8km]
1009번 지방도 – 백운산 – 큰재 – 화리치 – 마장고개
– 대곡산 – 추계재 – 천황산 – 절골

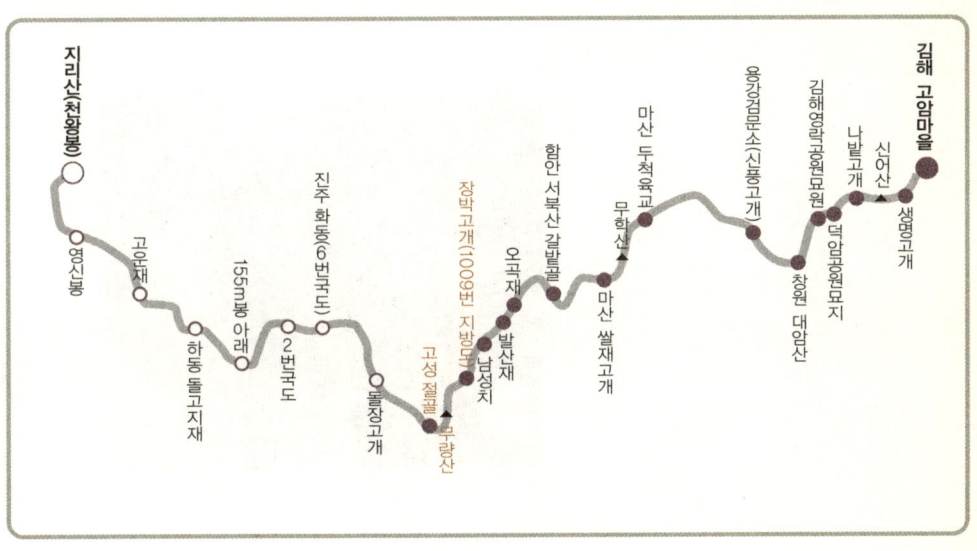

|낙남정맥에 사는 사람|

고성군 대가면 제일목장 대표 최문호 씨

목장을 하면서 늘
'낙동강 상류에 산다',
'이곳의 물이 낙동강으로
들어간다'는 뿌듯함이
있었어요

    고성군 대가면 척정리와 송계리의 경계이면서 백운산으로 향하는 첫 지점에 제일목장이 있다. 정맥을 오를 때 용맹스런 개들이 짖는 바람에 개밥이 될 뻔했던 바로 그 장소다.
    목장 주인 최문호(53·고성군 대가면 척정리) 씨는 부인 구계형(52) 씨와 이 정맥에서 30여년간 젖소를 길러 도내에 우유를 유통하고 있다. "5년 전인가 한여름에 정맥을 탐험하는 분들이 우리 목장에서 식사를 했습니다. 그때 처음 낙남정맥 이야기를 접했습니다.

우리 조상들이 다녔던 길을 밟는다고 하더군요."

낙남정맥이란 이름은 알고 있어도 크게 관심을 갖지 않던 최씨는 그때부터 정맥에 흐르는 기운을 예사롭지 않게 생각하게 됐고, 1998년 백운산 꼭대기에 송신탑(고성군 하의면에서 마산으로 연결되는)이 놓일 때 막지 못한 것이 못내 아쉽다. 고압 송신탑이 정맥을 끊고 있기도 하지만 미관상으로도 아주 나쁘다고.

"목장을 하면서 늘 '낙동강 상류에 산다', '이곳의 물이 낙동강으로 들어간다'는 뿌듯함이 있었다"는 그는 "정맥 능선을 중심으로 바람도 달라서 산 너머는 여름엔 덥고 겨울엔 추운데 비해 목장이 있는 곳은 여름에 시원하고 겨울엔 따뜻하다"고 말했다.

20여 년 전 헐벗었던 민둥산에 무성히 자란 나무들을 보면 세월의 흐름을 짐작할 수 있다는 그는 백운산 정상은 고성읍과 상리, 영현, 마암, 동해, 거류면 전체가 다 보이는 고성 지역의 중심산이라고 알려줬다.

그동안 낙후돼있던 낙농업 발전에 애썼고 아들에게 축산업을 물려줄 계획인 그는 "일본의 경우 지방자료들을 많이 비축해 두고 있는데 우리나라는 그런 부분이 아직 미흡하다. 앞으론 낙남정맥 알리기와 대가면을 홍보하는 녹화사업에 힘쓸 계획"이라고 밝혔다.

진달래 물결 타고 오르는 능선
사천 구간 [14~17 구간]

트레킹 14구간 [16.2km]

|2001년 2월 18일|
고성 절골 – 백운산 – 부련이재 – 양전산 – 사천 봉대산
– 310m봉 – 357m봉 – 돌장고개

정맥은 나무로 디스플레이돼 있다. 나무엔 봄이 가득 차 있다. 정맥은 봄 그 자체다. 우수(雨水). 계곡을 따라 정맥이 있다면 물소리가 잔잔히 들리련만 '낙남정맥은 물을 가를 수 없다'는 원칙 때문에 정맥 능선은 항상 나무와 새와 바람뿐이다.

땅에서 훈기가 올라옴을 느끼며 백운산 자락을 오른다. 이번 구간엔 마산YMCA 등산팀 11명이 정맥꾼으로 동참해 여느 때와 다르게 분위기가 들떠 있다. 그도 그럴 것이 아리따운 여성 정맥꾼들이 4명이나 합류했으니 고정 정맥꾼들이 헤벌쭉할 수밖에. 도의회팀에서는 처음 참여한 김길연(48) 씨와 신규 정맥꾼 정치환(34 · 거제시 신현읍), 강희갑(49 · 마산시 창포동) 씨 등 총 30명이 정맥을 탄다. 정맥 트레킹 이후 처음으로 능선에 늘어선 행렬이 가장 길다.

백운산은 13구간에도 있더니만 또 있다. 한 지역에 이름이 같은 산이 가까운 거리에 있다니 아이러니하다. 백운산을 지나 문고개에 다다를 때까지 능선이 너무 완만해 정맥꾼들의 몸은 자연스레 긴장을 푼다. '도민 방송'이 시작된다. 오늘은 날씨가 좋아서인지 강정철 씨가 목청이 좋다. 하지만 그의 바로 앞에 가는 사람은 고막이 찢어질 것 같다. 불에 탄 나무와 중구난방 자리를 편 나무들이 또 다른 경치를 만들어낸다. 정해룡 씨는 나무의 모양새가 "마누라가 바람난 집구석" 같단다. 활엽수가 쫙 깔린 능선과 소나무 '갈비'가 페르시아 왕궁의 카펫처럼 부드러운 능선을 따라 봄을 밟는다. 연초록 난들이 싱그럽다.

문고개를 거쳐 부련이재까지 줄달음쳐 약 5km를 두 시간 만에 돌파한다.

"오늘 처음 오신 분도 있고 해서 사실은 부련이재까지만 걸어보고 방향을 정할까 했는데 날씨도 좋고 컨디션도 좋아서 오늘 돌장고개까지 무사히 갈 수 있을 것 같네요. 부련이재 이후로는 탈출구도 마땅찮고요."

송재득 대장의 말에 '아니, 우리의 정맥 타는 실력이 이렇게 늘었단 말인가' 라는 의구심과 '이 정도 완만한 길은 단숨에 가야지' 라는 우쭐함이 교차된다. 부련이재로 난 임도를 따라 올라온 사람들이 마구잡이로 버려 놓은 싱크대 등 생활쓰레기들이 눈에 거슬린다. '쯧쯧쯧' 정맥꾼 모두 혀를 찬다.

양전산을 지나면서 고압 철탑이 하나둘 보인다. 봉대산 쪽으로 향하기 전 고성과 사천의 경계를 조금 지나 너른 양지쪽에서 삼삼오오 모여 도시락을 푼다. 코를 찌르는 라면의 향기와 침샘을 자극하는 한치회, 온 몸에 전율을 일으키게 하는 소주 한 잔 "캬아~." 강정철 씨의 '사랑의 노래' 에 이어 답례곡 김경년(38·당시 마산YMCA팀) 씨의 '봄이 오면' 이 정맥에 울려 퍼지면서 정맥의 '제2대 가수' 탄생을 알린다.

너무 잘 뚫린 길도 지리하다. 다리는 아파오는데 계속되는 능선의 완만함이 벌써 춘곤증을 맛보게 한다. 객숙재에 못미쳐 봉대산 근처의 헬기장과 310.0m봉의 헬기장을 지나면서 사천임을 알리는 비행기소리가 틈틈이 들린다. 정맥을 따라 난 임도를 몇 개 지난 뒤 자칭 '날쌘돌이' 라던 김경년 씨가 "너무한 거 아니예요?"라며 투정을 부린다. 허정도(현 경남도민일보 대표이사) 씨가 "이 기자. 오늘만 코스가 긴 거 맞죠. 다음 구간에는 짧죠"라고 김경년 씨를 위로한다.

"예. 다음 구간부터는 12~13㎞ 정도밖에 안 돼요."

봄기운이 완연한 정맥을 따라 정맥꾼이 줄지어 섰다. '정맥의 숨결을 느껴보지 못한 이들이여, 여기가 어딘지 묻지를 마라.'

과수원으로 능선이 이어지며 1002번 지방도가 보이자 정맥꾼들은 일순간 안도의 한숨을 내쉰다. 한데 이걸 어쩐다. 완만하던 능선 앞에 우뚝 선 산딸기 가시밭은 1002번 지방도를 몇 미터 앞에 두고 정맥꾼을 실망시킨다.

　"기계는 멀쩡한데 부품이 망가졌다"는 박일(34 · 진일설비 대표) 씨와 무전기를 들고 부대장 역할을 맡은 정영오(46 · 부동산월드 대표) 씨, 차윤재(45 · 마산Y 사무총장) 씨와 함께한 가시밭길 오르기는 정맥의 충고였다. 정맥타기를 얕보지 말라는. 1002번 지방도가 보이면서 과수원 아래로 선두 정맥꾼들이 점점이 움직인다. 지방도에 내려서니 '진주시 금곡면' 표지판이 보인다.

낙남정맥 트레킹 구간 지도

트레킹 14구간 [16.2km]
고성 절골 – 백운산 – 부련이재 – 양전산 – 사천 봉대산
– 310m봉 – 357m봉 – 돌장고개

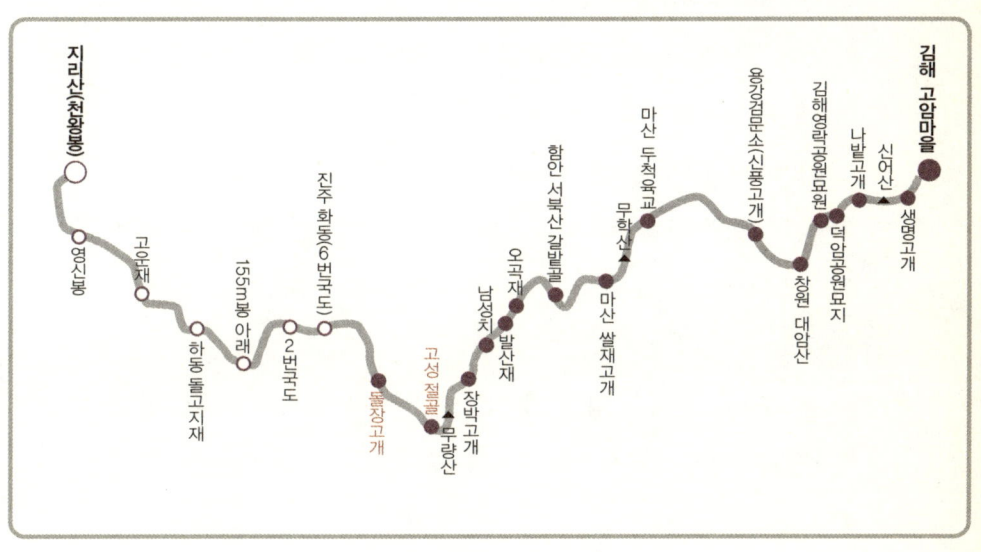

송재득 대장 인터뷰

14구간 트레킹부터 정맥을 안내하는 송재득(38) 대장은 매 구간마다 맨 뒤에서 김병곤 대장을 도와주다가 직접 지도를 들고 앞에서 리드하니까 신경이 많이 쓰인다고 토로한다.

뒤에서는 단지 정맥꾼들이 처지는지와 정맥이 헷갈릴 때 길을 뚫어주는 역할을 했을 뿐이다. 막상 지도와 나침반을 들고 정맥 주변의 지리를 비교하며 판단해 나가자니 대장으로서 역할이 막중하다는 것.

송 대장은 "그동안 정맥꾼들이 이렇게 산을 잘 타는지 몰랐다"며 "14구간은 길이 비교적 완만했지만 도상거리가 16㎞나 됐기 때문에 걱정을 많이 했는데 모두 건강하게 트레킹을 마치는 걸 보고 놀랐다"고 말했다.

그는 3월이 되면 대지가 녹아 등산할 때 주의해야 하지만 봄에 걷게 될 정맥은 대개 200~300m 높이의 산이어서 특별한 등산장비는 필요 없다고 말했다. 단 가을산행처럼 비를 대비해 방풍의를 갖추고 배낭커버와 배낭 속 물건의 이중포장 등에 신경을 쓰면 된다고 조언했다.

"15구간에 걸을 정맥은 10㎞까지는 무난하게 트레킹할 수 있으나 그 이후는 남해고속도로 입구 공사로 인해 능선이 엉망이 돼서 정맥꾼 모두가 고민하면서 능선을 찾아야 할 것 같습니다."

14구간을 마치자마자 15구간을 걱정하는 그의 모습이 믿음직스럽다. "낙남정맥을 많이 탔던 산악인 송영철 씨의 도움을 구해 15구간 능선 찾기에 심혈을 기울이겠다"는 그는 "정맥꾼 중 정맥에 관심 있는 이들이 많으므로 의논하고 연구하면서 공부하는 기분으로 다음 산행에 임하겠다"고 말했다.

송 대장은 에베레스트, 낭가파르밧, 히말라야 등반에 성공한 전문 산악인으로, 현재는 제일화재해상보험 마산지점에서 일하고 있다.

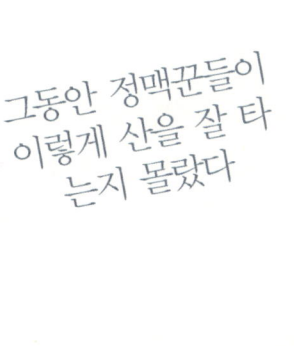

그동안 정맥꾼들이 이렇게 산을 잘 타는지 몰랐다

트레킹 15구간 [14km]

|2001년 3월 4일|
돌장고개-무선산-봉전고개-170.1m봉-양산재
-죽봉재-93.3m봉-6번 국도

변덕스럽다 변덕스럽다 해도 산의 날씨만큼 변덕스러울까. 개구리가 나온다는 경칩이라는데 폭풍주의보에다 함박눈까지 굉장한 날씨다. 서쪽 능선을 타면 눈바람이 왼쪽 얼굴을 휘덮다가도 동쪽 능선으로 방향을 바꾸면 햇살이 비쳐 방풍의를 입었다 벗었다를 반복해야 했다.

진주시 금곡면과 사천시 장전을 잇는 1002번 지방도로가 지나가는 돌장고개에 도착하자마자 봄을 시샘하는 꽃샘추위가 눈까지 동반해 정맥꾼을 반긴다. 눈이 내린다. 어쩌면 정맥 완전 종주 때까지 다시는 보지 못할 눈이. 꽃피는 봄에 눈 구경이라니 그 또한 즐겁지 아니한가. 낙남정맥에서 사계절을 다 음미한 까닭에 산을 다 아는 듯 착각을 하게 된다. 마른 소나무 가지들에 눈이 쌓이기 시작하고 능선도 눈으로 슬며시 덮여 아무도 가지 않은 눈길을 처음으로 밟는 재미가 쏠쏠하다.

신선이 춤을 췄다는 무선산 정상에 다다른다. 무선산은 이번 구간 중 가장 높은 고지로 277.5m다. 여기서 북동쪽으로 방향을 획 틀어야 정맥 능선을 따라갈 수 있다. 힘겨운 오르막이 없는데도 이번 구간의 정맥꾼들은 너무 조용하다.

"오늘 너무 조용하네요."

말수가 그리 많지 않은 송재득 대장의 말에도 정맥꾼의 침묵은 여전하다. "'도민방송'도 대우자동차처럼 파업 중인갑다"라는 말이 뒤에서 들려온다.

툭툭 끊어진 능선이 유난히도 많은 구간이라 트레킹다운 트레킹이 안 된다. 산을 걷다보면 어느새 임도가 나오고 지도에도 없는 포장도로에 뚝 떨어져, 산세를 살피며 끊긴 능선을 찾아가는 수고를 해야 한다. 거리재에 도착하면 정촌면과 문산읍을 가르는 문산읍 이정표가 서 있다. 이정표를 따라 조금 걷다가 길 건너 나지막한 야산을 돌아 다시 포장도로로 내려온 뒤 또 길을 건너야 올바로 정맥의 능선을 밟는 것이다. 여기서 정맥꾼 중 강정철, 이상국, 방원식 씨는 길 건너 야산 정상을 밟고 도로 개설을 위해 가파르게 깎인 절벽을 따라 내려오고, 나머지 정맥꾼은 도로를 따라 정맥을 눈으로만 확인하고 다음 능선길을 재촉한다. 능선을 밟는 것이 원칙이기 때문에 모두 세 명 정맥꾼의 부지런함에 박수를 보냈다.

100m 낮은 능선을 계속 밟는 동안 과수원을 너덧 개 통과한다. 고미동을 지나 죽봉에 이르렀을 무렵 무밭에서 농부 내외가 무를 캐

경운기에 싣고 있다. 정맥꾼들은 허기에 지치지도 않았으면서 황토 속에 허옇게 드러난 무의 속살이 탐이 난다. 농부는 선뜻 정맥꾼들에게 무를 서너 뿌리 주었다. "일 년 내내 농사지은 건데 돈 주고 사야지, 그냥 얻어먹으면 되나"라고 너스레를 떠는 방원식 씨의 말에 모두들 고개를 끄덕인다. 정맥 능선을 올바로 찾느라 앞서서 바쁘게 걸음을 움직이던 송 대장과 조진규 씨를 불러 세우고, 어느 묘소 앞에서 무 파티가 벌어졌다. 약간 매운 맛이 있었지만 찬바람이 부는 날씨에 양지쪽에서 먹는 참참한 무는 어린시절 보릿고개를 넘길 때 양식으로 먹었던 '무시' 이야기로 이어졌다. 한 고개를 넘으니 또다시 과수원이 펼쳐지고 쑥 캐는 아낙네들이 수줍게 정맥꾼을 반긴다. 진주 가좌동에서 왔단다.

"많이 캤습니꺼?"

"인자 왔어예."

마지막 화동으로 내려서는 길은 진주와 통영 간을 잇는 고속도로 인터체인지 공사로 정맥이 완전 절단돼 있다. 산을 깎아지른 절벽이 꽤 높고 그 사이로 인터체인지 공사가 한창이다. 능선을 밟을 것 같으면 중간의 허리가 잘린 절벽을 줄이라도 타고 내려와야겠지만 자그만 집이 있는 곳으로 우회해 공사장 근처로 다시 모였다.

그러나 여기서 어느 능선이 진짜 정맥인지 의견이 갈라진다. 워낙 능선을 알 수 없도록 정맥을 잘라놓았기 때문이다. 주 능선을 고수하자는 중론에 따라 절벽길이 있는 능선으로 방향을 잡는다. '의

금부도사 김해김공' 가족묘, 전주이씨 효령대군파 묘와 그 묘를 지키는 동녀 석상이 눈에 띈다. 6번 국도에 서면 남해고속도로가 머리 위에 보인다. 헷갈린 능선을 연구 대상으로 남겨놓고 버스에 몸을 실었다.

고속도로 인터체인지 공사로 완전히 절단된 능선

눈 쌓인 정맥능선을 눈을 맞으며 걷는 정맥꾼들

낙남정맥 트레킹 구간 지도

트레킹 15구간 [14km]
돌장고개-무선산-봉전고개-170.1m봉-양산재
-죽봉재-93.3m봉-6번 국도

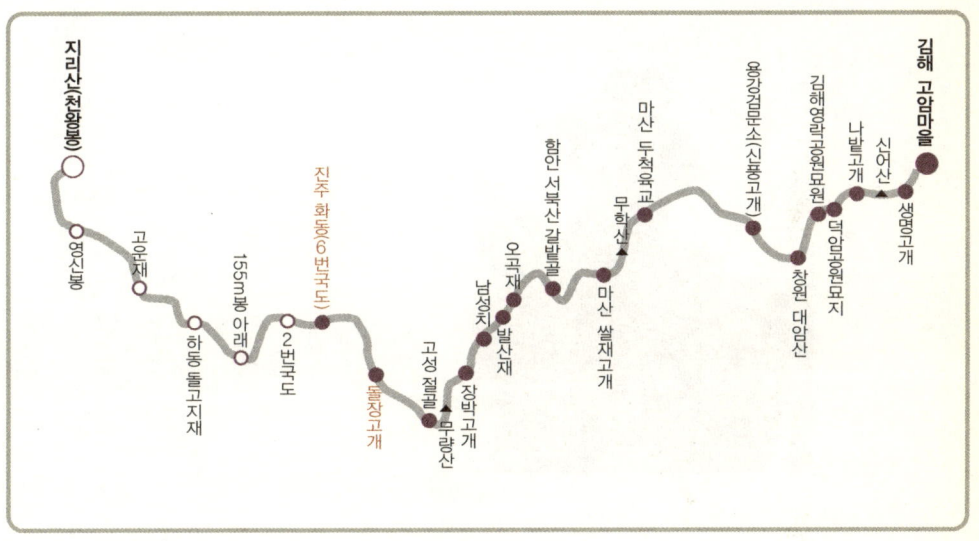

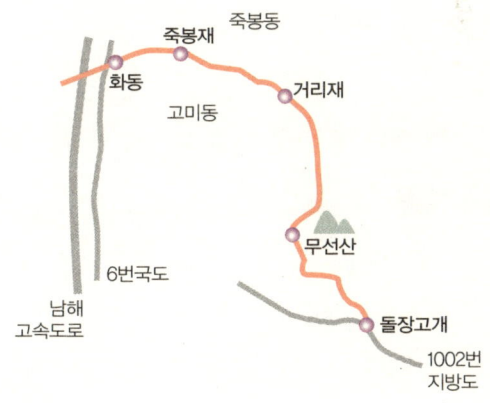

'침묵산행'을 지키는 신윤동 씨

커다란 키에 빨간 조끼와 베이지색 모자를 항상 쓰고 묵묵히 정맥을 밟는 그에게선 정맥처럼 묵직한 맛이 배어나온다.

"원래 그렇게 말이 없으세요?"

"…"

"낙남정맥 타신 지 오래 됐는데 신 선생님하고 한마디도 나누지 않은 것 같네요."

"지금 이렇게 얘기하고 있지 않습니까?"

4구간 창원 구간부터 정맥꾼으로 합류한 신윤동(48·회사원) 씨. 그는 정맥을 음미하면서 '침묵산행'을 지키는 정맥꾼 중 한 사람이다. 커다란 키에 빨간 조끼와 베이지색 모자를 항상 쓰고 묵묵히 정맥을 밟는 그에게선 정맥처럼 묵직한 맛이 배어나온다.

2만 5000분의 1 지도를 들고 애매한 구간 때마다 조용히 의견을 제시하는 그는 나름대로 낙남정맥에 대한 애착이 대단하다. 낙남정맥 종주 트레킹을 마련하지 않았을 때부터 혼자서 정맥의 길을 밟았다고 한다.

"낙남정맥을 왜 그렇게 타고 싶으세요?"

"그냥요."

그저 잡목들이 무성하고 나무들만 있는 정맥을 왜 타려는 건지 모를 일이다. 정맥 3분의 2를 밟았건만 아직도 오묘한 진리 대신 두려움과 힘겨움만으로 머리를 가득 채울 뿐인 정맥인 것을. 하지만 그는 평소엔 침묵하다가도 대장이 조금 헷갈리는 길이 나온다든가 의견이 분분할 땐 손수 가져 온 지도를 펴 조용히 살핀 다음 자신의 의사를 분명히 밝혀 길트기를 해주는 정맥꾼이다.

그는 15구간부터는 백두대간을 완전 종주하고 심심해서 낙남정맥을 탄다는 방원식 씨, 회사 동료 강회갑 씨와 함께 참여하고 있다. 처음의 데면데면한 모습이 아직까지 가시지 않은 그에게선 어린아이 같은 순수함이 비친다.

트레킹 16구간 [10.5km]

|2001년 3월 18일|
진주 화동(6번 국도)-74m봉-실봉산-탑재
-유수재-가화강-2번 국도

'진달래나 개나리나 야생화나 꽃을 볼 수 있으면 좋겠다.'

언제부턴가 봄이 사랑스럽다. 겨우내 얼어붙었던 마음을 녹여주는 따스한 기운과 고정돼있는 기분을 자연스레 풀어주는 꽃이 피기 때문일까. 나이가 들어가는 탓일까.

낙남정맥에 봄이 오는 건 느꼈지만 그걸 증명할 만한 꽃이 보이지 않아 지난 구간에는 무덤덤했다. 하지만 이번 구간은 흐드러지게 핀 봄꽃을 보느라 능선을 찾는 것보다 봄을 만끽하는 데 정신을 쏟았다.

이번 구간은 처음 진입부터 산행 기점을 찾느라 동분서주했다. 지난 구간에 도로로 인해 정맥이 많이 끊겨있어 능선 찾기가 힘들었고 마지막 능선도 애매하게 마쳐져 구간 첫머리를 정확히 밟으려는 수고가 필요했다. 모심마을에서 화동 쪽으로 굴다리를 지나 낮은 과수원에 올라서니 선답자들이 걸어놓은 표지기가 들쭉날쭉 눈에 띈다. 선답자들도 헷갈려 자신들이 판단하는 길로 오르며 매어놓은 표

유수교를 통해 인공강인 가화강을 건넌다

지기들이다.

　드넓은 벌판과 야산의 조화를 눈 안에 담으며 가볍게 산을 걷는다. 야산으로 접어들면서 소나무들이 행진하고 잡목들이 생존을 위해 발버둥치는 모습도 보인다. 그리고 드디어 봉긋하게 솟은 진달래꽃망울들이 하나씩 길을 인도하는 순간 정맥꾼들은 모두 탄성을 지른다. "야. 진달래다".

　실봉산 정상 아래에서 산불감시원 황수용 씨를 만났다. 서로 반가워 이야기를 내내 나누고 싶었지만 갈 길이 먼지라 아쉬운 작별을 해야 했다. 실봉산에 오르는 능선 오른쪽으로 산불에 탄 까만 나무들이 흩어져 있다. 정상에서 삼각점을 확인하고 오랜만에 급내리막을 만난다. 도로로 떨어지는 모양이다. 역시 진주시 내동과 사천시 축동면을 경계 짓는 이정표가 놓여있다.

　오르막은 늘 힘겹지만 야산의 오르막은 감칠맛이 없다. **산수유와 생강나무들의 향기에 솔숲 향까지 어우러져 정맥의 봄은 향기로 가득 차 있다.** 자연에 도취될 즈음 나타나는 임도는 정맥과 함께 향기까지 끊어버린다. 내동 독산지구 임도를 오른쪽으로 두고 계속 능선을 탄다. 밤나무 과수원과 감나무 과수원을 지나 매실 과수원까지 아담한 과수원들이 풍요롭다. 유수재 근처 매실과수원엔 매화가 화사하게 정맥꾼을 반긴다. 어느새 이준화·박필선 부부는 포즈를 취하고 사진을 찍는다. 솜털처럼 포송포송한 쑥과 땅 밑에 보라색으로 빛나는 야생화에 정신이 혼미하다.

"저 꽃 이름이 뭐더라?"

야생화 이름을 기억해내지 못하고 강수자 씨는 과일칼로 쑥을 캐기 시작한다.

정맥꾼들이 아름다움에 취해있을 동안 송재득 대장과 황원호 기자, 강정철, 신윤동 씨는 옛날 지도와 최근 지도를 펴놓고 인공강인 가화강 건너는 길을 의논하느라 분주하다. 인공 강이 생기면서 순수 정맥의 능선이 너무 많이 바뀌어 능선 찾기가 애매하다. 북쪽으로 숲길을 따라 남강댐 홍수 예경보 시설을 지나고 대나무 숲을 건너면 암반의 능선 허리를 잘라 만든 인공 방수로와 경전선 철로, 새로이 가설된 유수교가 보인다. 유수교를 따라 가화강을 건넌다. 정맥을 잘라 만든 강이라 생각하니 기분이 좀 묘하다. 유수교는 지난 1999년 12월 완공된 다리다. 가화강을 내려다보며 휴식을 취한다. 봄바람이 시원하다.

오르막을 지나 과수원을 지나서 다시 2번 국도에 내려선다.

"그냥 아까 유수교 건너서 철길 따라 도로로 걸으면 금방인데 능선 밟을라고 산에 또 올라갔다가 도로로 내려와야 되네 이거."

"근데 오늘 왜 이렇게 코스가 기노?"

"지도에 줄을 잘못 그어서 그렇다네요."

원래 10km를 걷는다고 했는데 그 이상을 초과하면 다리가 더 아프게 마련이다. 두름박골을 지나 190.2m봉(태봉산)에 오르면 진주 진양호가 오른쪽에 펼쳐진다. 산에서 만난 진양호는 도시에서 본 진양호보다 넓고 아름답다.

  2번 국도와 덕천주유소가 보이자 온 몸의 피로가 한꺼번에 밀려온다. 뜨거운 봄볕에 그을려 거멓게 된 얼굴을 바라보며 땀으로 범벅된 몸을 그대로 버스에 실었다. 21명의 정맥꾼들도 말없이 몸을 뉘었다.

낙남정맥 트레킹 구간 지도

트레킹 16구간 [10.5km]
진주 화동(6번 국도) - 74m봉 - 실봉산 - 탑재 - 유수재 - 가화강 - 2번 국도

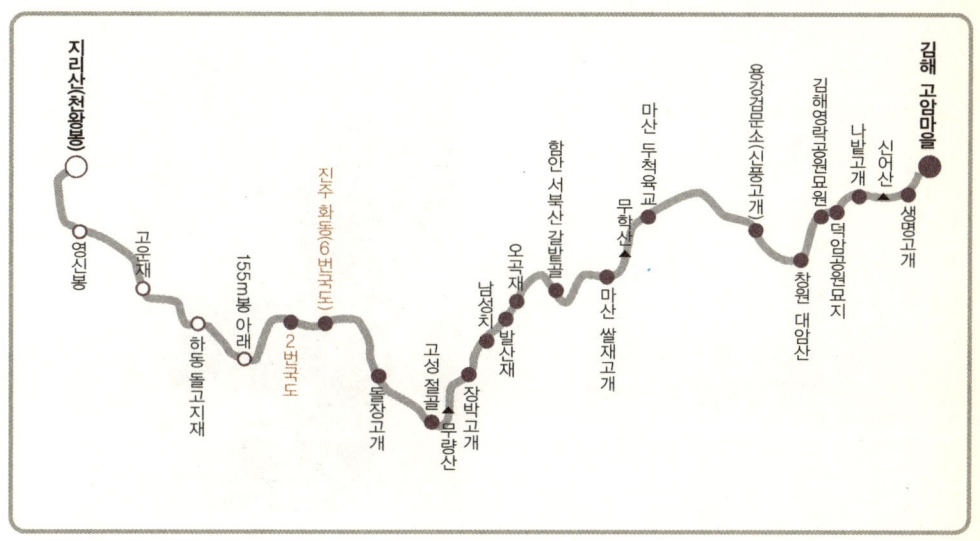

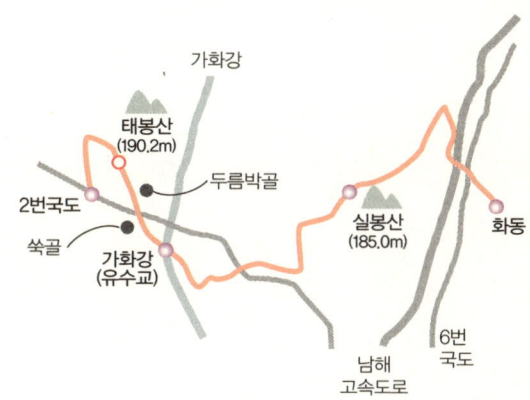

|낙남정맥에 사는 사람|

공공근로요원 황수용 씨

낙남정맥 탄다고
많이들 오는데…
대부분 한 명이 정맥을
타더니만 오늘은
억수로 많이 가네.

"내는 창살 없는 감옥에 삽니더."

실봉산 정상에 못미쳐 말무덤 마을과 대축리를 잇는 고갯길에 다다르면 산불감시원 황수용(65·진주시 정촌면 함촌리) 씨를 만날 수 있다.

비닐로 만든 산불 초소와 낡은 콘테이너 박스로 개조한 문없는 화장실이 독특하다.

황씨는 "낙남정맥 탄다고 많이들 오는데…. 대부분 한 명이 정맥을 타더니만 오늘은 억수로 많이 가네"라며 정맥꾼들을 반긴다. 늘 산과 함께 해서인지 때 묻지 않은 황씨는 사람들을 만나니 기뻐, 물어보지 않은 말도 연신 스스로 화두를 꺼내 답하곤 한다.

그는 실봉산은 옛날 홍수가 났을 때 물이 실처럼 얽혀 봉우리를 덮었다고 해서 붙여진 이름이라고 전했다. 또 실봉산 동쪽으로는 진주 남강이 흐르고 서쪽으로 가면 사천(구 삼천포)으로 빠진다고 지리도 설명했다.

소일거리로 배를 싸는 종이를 만들고 있는 황씨는 "우리나라 신문지는 배를 싸는 데 사용할 수가 없어서 신문지를 일본에서 수입해 와서 쓴다"며 "일본 쓰레기를 우리가 처리해 주는 꼴이다. 왜 신문지 하나 재활용할 수 있도록 못 만드는지 모르겠다"고 하소연하기도 했다.

산에서 만나는 사람은 서로 반갑고 할 말이 많다. 갈 길을 제쳐두고 그와 정담을 나누고 싶었지만 또다시 만날 날을 기약하며 발길을 뗐다. 발길을 옮기는 정맥꾼들에게 그는 "신문 방송에서 내 인터뷰 많이 해 갔습니더. 잘 실어주이소"라며 웃었다.

트레킹 17구간 [13.9km]

|2001년 4월 1일|
2번 국도-나동 묘지-선들재-재방마을-245m봉
-155m봉 아래(원전마을 아래)

　　진달래를 물리도록 바라본 적이 있을까. 이름 있는 산의 많은 인파 속에서 가녀리게 떨고 있는 꽃과는 사뭇 다른 진달래를 구경한 적이 있을까. 낙남정맥에 핀 진달래는 순수하다. 수줍은 처녀가 맘에 드는 총각을 만났을 때 발그레하게 물드는 볼의 색깔 같다. 진달래의 친구는 소나무다. '니가 일 년 내내 초록빛이지만 봄이 되면 우리를 못 당할걸. 어디 산에 오는 사람들이 너희 소나무에 눈길이라도 주는 거 봤니?'
　　21명의 정맥꾼들에게 진달래의 색깔은 각각 다르다. 핑크빛, 연보라, 연분홍…. 정맥꾼마다 진달래에 어린 추억이 다르고 감성이 다르기 때문일 게다. 진달래 옆에서 정맥꾼은 줄줄이 포즈를 취한 채 동심으로 돌아간다. 봄을 만끽하다 못해 봄을 아예 씹어 먹는 정맥꾼도 있다.
　　"옛날에 진달래 많이 묵었다."
　　"먹을 게 없어서 그런 거 아닌가…"

"요즘에는 담배 피우는 사람들 기관지에 좋다고 하니까 먹는 거지."

갑자기 마루금이 허허벌판으로 변한다. 나동공원묘지다. 산꼭대기를 깎아 망자들을 채울 묘지를 한창 만들고 있다. 묘지주변 개나리가 정맥꾼들을 반긴다. 개나리가 이토록 샛노란 줄 처음 알았다. 멀리 삼천포항과 와룡산이 시야에 들어온다.

"앗, 뱀이다."

앞서 가던 정맥꾼 한 명이 뱀을 제어하며 소리치는 순간 뱀의 흐물거림 자체를 두려워하는, 취재기자를 포함한 몇 명의 정맥꾼은 뱀이 스친 길을 다시 밟을 수 없어 다른 길(다소 험한)로 방향을 튼다.

"야, 봄은 봄인갑다. 겨울잠 자던 성질 급한 뱀들이 활개를 치는구먼."

송전탑을 기준으로 지도를 보며 내리막길을 접하면 선들재다. 딱밭골로 향하는 오르막은 길이 애매해 잠시 혼돈스럽지만 봉우리(200m봉)에 올라보면 오른쪽으로 진양호가 보인다. 임도를 따라 가볍게 담소를 나누다보면 가축을 기르는 조립식 가건물이 있다. 듬직한 개들이 사납게 짖어댄다.

"지리산이다~."

"지리산이 저기 있다~."

이제 세 구간밖에 남지 않은 정맥이라 아쉬워서인지, 빨리 지리산이 보고 싶어서인지 성질 급한 정맥꾼들은 벌써 지리산으로 달려가고 있다.

비석을 잘 세운 큰 무덤에서 휴식을 취하고 내려서면 딱밭골재다. 딱밭골재는 묵곡리와 성방리를 잇는 도로로 포장한 지 얼마 안 된 듯하다. 234.9m봉은 '곤양'이라는 삼각점이 표시돼 있다. 그동안 남서쪽으로 진행한 능선은 여기서부터 북서쪽으로 확 꺾여 낙남정맥 마지막 지점인 지리산까지 계속 북서쪽으로 치닫는다. 사천구간 내내 200m 아래 야산이었지만 이제부턴 고도가 점점 올라간다.

이번 구간은 순간순간 펼쳐지는 넓은 임도와 고압철도가 능선의 기(氣)를 뺀다. '1만 5400볼트 특고압 전력선에 접근시 감전 위험'이라는 간판은 위화감을 조성한다.

"오늘은 점심 안 묵고 지리산까지 간단다. 전달."

12시가 넘어 배꼽시계가 종을 치는데도 송 대장이 밥 먹을 궁리를 안 하자 정영오 씨 등 몇 명 정맥꾼이 역공을 시도한다. 널찍하고 좋은 밥 먹을 공간을 찾는 송 대장 수고에는 아랑곳없이.

능선을 찾느라 고생할 우려가 별로 없어서인지 이번 구간에 정맥꾼들은 야생화와 난을 구경하고 감탄하는 데 골몰한다. 강은순(53 · 공무원) 씨와 문흥렬(48 · 공무원) 씨는 난에 취미가 있는지 멋진 난을 감상하느라 분주하다. 강수자(46 · 주부) 씨는 지난 구간에 생각나지 않았던 야생화 이름을 알려주기 위해 일부러 야생화 책까지 정맥꾼들에게 선보인다. 황토를 박차고 나와 기웃거리는 야생화들을 보는 즐거움도 정맥에서만 느낄 수 있는 매력이다.

"옛날에 진달래 많이 묵었다."
"먹을 게 없어서 그런 거 아닌가…"
"요즘에는 담배 피우는 사람들
기관지에 좋다고 하니까 먹는 거지."

"와, 할미꽃 참 오랜만이네."

"저 꽃은 이름이 뭐꼬?"

"족두리풀꽃이네예."

오랑동은 자그맣고 시골 내음이 가득한 마을이다. 2번 국도 앞에 있는 철로는 영화 〈박하사탕〉을 생각나게 한다. 정맥꾼들은 몇 명씩 짝을 지어 철로에서 사진을 찍는다.

"다음 구간을 위해서 깔끔하게 야산 한 봉우리만 더 넘읍시다."

송 대장의 말에 "그러죠 뭐"라고 시원스레 대답했는데 마지막은 정말 길다.

"대장님. 너무 심한 거 아니에요."

주차장처럼 보이는 콘크리트로 포장된 운동장을 지나 굴착기로 깎아낸 재미없는 능선을 내려오니 작은 도로가 보인다. 정맥꾼은 모두 지쳐 한마디씩 내뱉는다.

"마지막이 사람 죽이네."

사천구간을 마치고

사천구간은 그야말로 동네 뒷산처럼 가볍게 오를 수 있는 야산이다. 대개 150~300m가 가장 높은 봉우리다. 그러나 정맥의 큰 줄기로 보면 작은 도로들이 수십 번 능선을 끊어놓았고, 대전~통영 간

정맥꾼들이 17구간을 걷는 동안 낙남정맥을 먼저 밟은 정맥꾼들의 수많은 표지기를 보며 이야기꽃을 피우고 있다.

고속도로 공사로 인해 능선이 막히는 사례도 그동안 구간 중 만난 첫 황당함이었다. 또한 인공강인 가화강 때문에 산경표의 '산자분수령' 원칙을 깨는 첫 사례를 남겼다.

정맥 줄기마다 과수원이 즐비해 사계절별로 과실과 꽃의 향연을 운치 있게 즐길 수 있는 점과 소나무 군락과 진달래 군락이 아름답게 조화를 이루고 있는 것도 관광명소로 이용해 볼 만한 요소다. 굳이 트레킹과 관광을 접목시킨다면 밤, 사과, 감, 매실을 수확하는 과수원에 체험학습을 하면서 낙남정맥 능선을 밟는 코스를 개발해도 좋고, 지도를 보는 법 등을 지도하면서 그 지역 낙남정맥을 트레킹 해보는 교육방법도 생각해 볼 수 있다.

인공강 가화강에 대해서도 유수교 주위에 왜 인공강이 생겼는지와 인공강이 생김으로 인해 낙남정맥에 어떠한 영향을 미쳤는지 이해하기 쉽게 안내를 해주는 표지판을 달면 좋을 듯하다.

사천구간은 구간 시작점과 끝점이 헷갈리게 돼있기 때문에 전문 산악인이나 향토사학자들이 올바른 능선을 찾는 작업이 필요하며, 해당 시에서 와룡산 등 주변 관광지와 연계해 정맥을 소개하는 아이템과 구간 지점마다 정맥길과 시작점, 끝점을 표시하는 안내도 등을 설치해야 한다.

 낙남정맥 트레킹 구간 지도

트레킹 17구간 [13.9km]
2번 국도 - 나동 묘지 - 선들재 - 재방마을 - 245m봉
- 155m봉 아래(원전마을 아래)

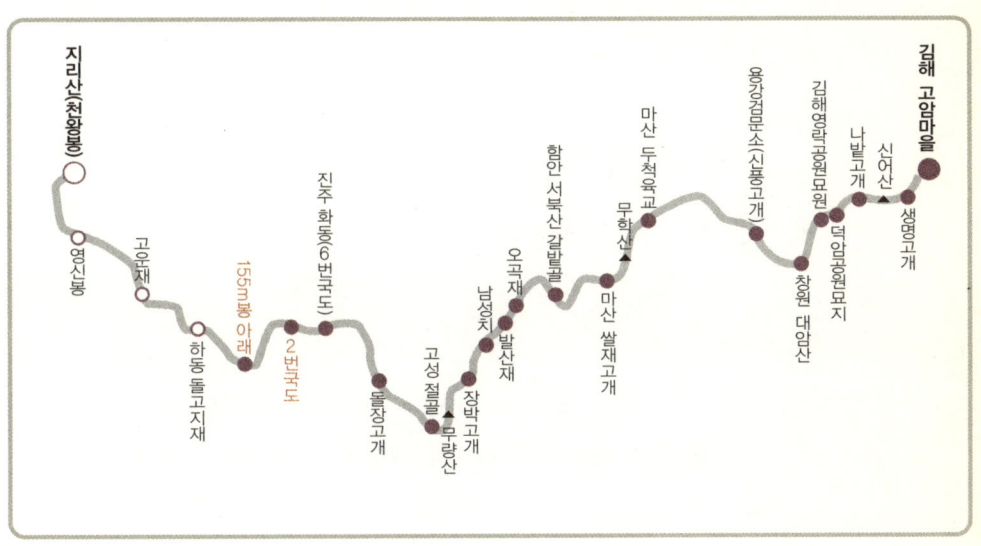

연둣빛 출렁이는 4월을 보겄네
하동 구간 [18~19 구간]

트레킹 18구간 [10.9km]

|2001년 4월 15일|
사천 곤명(밤재) — 199m봉 — 234.3m봉 — 안남골재 —
배토재(1005번 지방도) — 526.7m봉 — 하동 청암 돌고지재

'세월아 하고 부르면 부시시 일어날 것만 같은' 연초록 나뭇잎들. 산이 싱그럽다. 몸은 거죽만 남아 죽은 듯한데 그 거죽에서 팔을 뻗은 나뭇잎들은 어쩌면 저렇게 하나같이 물이 올라 터질 것만 같은지.
"나뭇잎들을 보고 있으니까 눈이 편안하네요."
"실제 밀양 고사리분교에 사는 아이들과 알프스 초원지대에 사는 아이들 시력검사를 했더니 2.0(디옵터) 이상이었답니다. 우리도 계속 산에서 지내면 눈이 좋아질 텐데…."

사천시 곤명면 마곡마을과 봉계리 원전마을을 잇는 중간쯤의 도로에서 정맥꾼들은 준비운동을 한다. 이번 구간에는 18명의 정맥꾼이 봄바람과 봄내음을 가슴에 담으며 능선을 밟았다. 기존 정맥꾼에다 강재현 변호사, 민주산악회 회원 3명이 새로운 정맥꾼으로 참가했다.

"오늘 아침 산이/물방울//음악이다//세상이 꽃으로 피어난다//이제/더 갈 데가 없다" - 이성선의 산시 '황홀' 전문

"낙남정맥 타다가 다른 산 타면 재미가 없습니더. 그냥 다듬어지지 않은 채로 다가오는 야산이 더 매력적이거든예."

자그마한 봉우리와 과수원, 임도를 넘나들며 예쁜 고사리와 연둣빛 나뭇잎의 향연을 감상하는 동안 배토재에 다다른다. 배토재는 북천면과 옥종면을 연결하는 1005번 지방도가 지나는 고개로, 백토고개라고도 부른다. 배토재에서 정맥 능선이 이어지는 지점에 '고령토 집하장 (주)범우' 라는 푯말이 있다. 하동이 고령토 산지임은 잘 알려진 사실이지만 직접 고령토를 볼 기회는 흔치 않다. 고령토 색깔이 흰빛이라 이 고개 이름이 '백토' 라 붙여진 듯하다.

배토재부터 오랜만에 오르막길이 시작된다. 두 달 동안 야트막한 야산만 상대하다가 500m 높이의 오르막과 맞부딪치자 정맥꾼들은

숨을 고른다. 다행히 가파른 경사는 아니어서 정맥꾼을 반기는 철쭉들과 인사를 나누며 트레킹을 즐겨본다. 능선 오른쪽으로 대머리 산이 보인다. 옥산이다. 높이 올라갈수록 경치는 좋다.

　머얼리 지리산 영신봉과 천왕봉이 정맥꾼들을 기다리고 있다. 감개가 무량하다. 옥산 서쪽 능선을 따라 제법 높은 봉우리에 다다르면 '옥산 행글라이더 활공장'이라는 표시가 돼 있다. 바람이 엄청 세다. 이렇게 바람이 센 날은 행글라이더를 띄울 수 없다고 송 대장이 일러준다.

잠시 균형을 잡지 못하면 발걸음이 뒤로 물러날 만큼 바람을 맞으며 점심 먹을 자리를 찾는다.

기진맥진이란 말이 어울릴게다. 아침을 제대로 먹지 못한 이들에겐 점심시간 직전의 산행은 가혹하리만치 고통스럽다. 자연스레 마지막 구간 이야기로 꽃을 피운다. 조를 짜서 밥을 해먹어야 하며, 밤은 어떻게 보내야 하는지에 대해. 또 지리산 별들을 눈에 다 담아올 수 있을지도.

526.7m봉에 오르면 산불감시초소가 있다. 지리산이 더 가까이 보이고 다음 구간에 정맥꾼이 걸을 산이 눈앞에 놓여 있다. 시원한 봄바람을 만끽하며 방심하는 사이 정맥꾼들 모자가 순식간에 날아가는 해프닝이 펼쳐진다.

"오늘 바람 안 불었으면 너무 더워서 산행이 힘들 뻔했네."

그랬다. 모두들 뜨거운 햇볕이 내리쬐는 계절이 다가오니까 새삼 첫 구간 때의 더위와 목마름이 떠오르는 모양이다. 1003번 지방도로 내려서면 돌고지재다. 다음 구간 첫 부분을 가로막고 있는 대나무 숲에 올라 길을 미리 찾는 송 대장의 모습이 듬직하다.

"너를 만나고 온 날은, 어쩌랴 마음에/반짝이는 물비늘 같은 것 가득 출렁거려서/바람 불어오는 강둑에 오래오래 서 있느니(중략)/그 못 다한 시간들이 마냥 출렁거려서" - 고재종의 '출렁거림에 대하여' 중에서

낙남정맥 트레킹 구간 지도

트레킹 18구간 [10.9km]
원전마을 아래-199m봉-234.3m봉-안남골재-
배토재(1005번 지방도)-526.7m봉-하동 청암 돌고지재

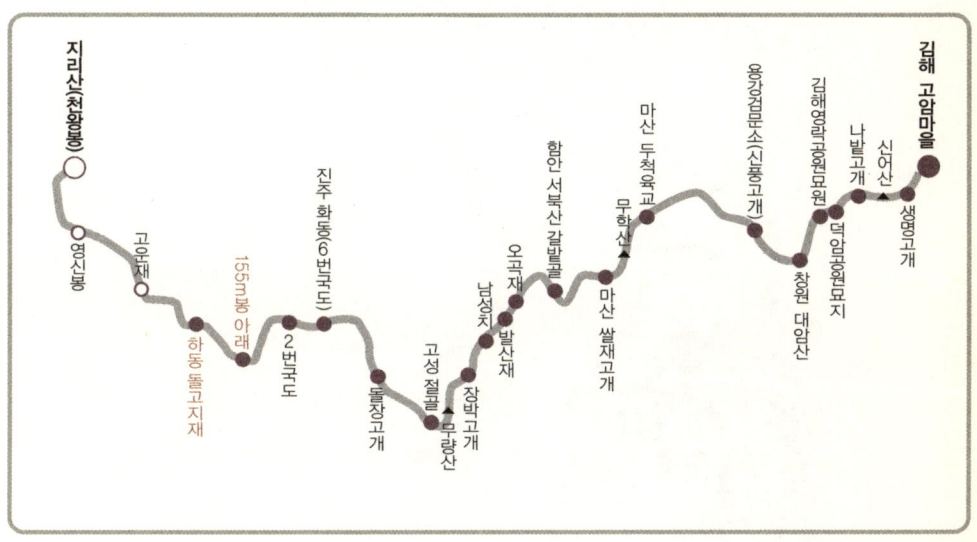

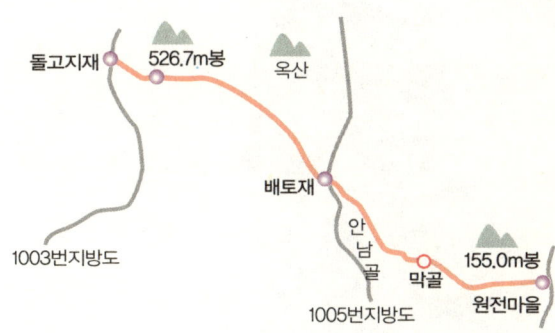

19번 참가한 정맥꾼
정영오 씨

한 주는 마라톤대회에
참여하고 한 주는 낙남정맥을
트레킹하며 일 년을 보낸
열성 '지구력맨'

해외출장으로 부득이하게 1구간 트레킹에 참여하지는 못했지만 2구간부터 20구간까지 19회 동안 한 번도 빠짐없이 낙남정맥 종주 트레킹 취재진과 동행했던 정영오(51·현재 부동산월드 대표) 씨.

그는 매 구간 트레킹 때마다 참가한 정맥꾼들에게 희망을 주는 메신저였다. 모두들 오르막에서 힘들어할 때 용기를 북돋워주고, 트레킹을 끝내고서도 힘이 남아돌아 뜀박질로 마무리하곤 해 줄곧 다른 정맥꾼들의 부러움을 샀다. 또 남을 먼저 배려할 줄 아는 마음과 마라톤으로 다듬어진 정신력, 지구력은 타의 추종을 불허했다.

그는 사촌동생 박일(39·현재 진일설비 대표) 씨와 같이 참가해 눈길을 끌기도 했는데, 한 주는 마라톤대회에 참여하고 한 주는 낙남정맥을 트레킹하며 일 년을 보낸 열성 '지구력맨' 이다.

"무슨 일이든 시작을 했으면 끝을 봐야죠. 정맥꾼, 취재기자들과 정이 들었는데 마지막이라고 생각하니 섭섭합니다."

빽빽이 서 있는 소나무들이 잘 자랄 수 있도록 죽은 나뭇가지를 쳐내기 위해 배낭에 톱을 넣어 다녔던 그는 뽑혀져 있는 난을 손수 심어주는 아름다운 마음의 소유자이기도 하다. 그의 걸쭉하고 구성진 진도아리랑 가락을 산에서 또다시 들을 수 없게 된 것이 못내 아쉽다.

트레킹 19구간 [13.1km]

|2001년 5월 5일|
하동 돌고지재-668.7m봉-양이터재-565.2m봉-길마재
-790.4m봉-870m봉-902.1m봉-고운재

아슬아슬하게 이어지는 낮은 야산의 분수령을 내달리다 이번 19구간부터는 제법 높은 오르막 능선을 오른다. 지리산 자락의 근엄한 자태가 눈앞에 펼쳐지면서 알 수 없는 가슴 벅참이 머리카락을 쭈뼛쭈뼛 세운다. 마루금을 마구 엉클어뜨리는 도로의 생채기만큼이나 씁쓸한 역사를 간직한 산줄기가 낙남정맥이다. 낙남정맥을 선답한 이들이 만났던 도로보다 현재 정맥을 끊고 있는 도로는 셀 수 없을 정도다. 백두대간이 도로 때문에 많이 단절됐다고 하지만 낙남정맥에 비하랴.

1003번 지방도의 돌고지재에서 좁은 임도를 따라 능선을 찾는다. 드문드문 불에 탄 나무들 잔재가 보이기 시작하더니 540m봉까지 오르는 능선은 나무도 풀도 숯덩이로 변해 매캐한 숯내음이 목을 콱콱 틀어막는다. 지난 1997년에 산불이 났다는데 최근 또 불이 난 모양이다. 정맥은 산불에 임도에 온통 생채기 투성이다. 643m봉에서 양이터재로 남서래하는 능선을 밟는 순간 새까만 불지옥은 연초

"완전히 흑백사진 보다가
컬러사진 보는 것 같다."

록 별천지로 변한다.

"완전히 흑백사진 보다가 컬러사진 보는 것 같다."

정영오 씨가 실감나게 표현한다. 어쩌면 봉우리 하나를 두고 양쪽이 그렇게 차이가 나는지. 고지대에서만 핀다는 좀 모양새가 특이한 철쭉과 가녀린 잎들을 아직 떨구지 않은 진달래가 정맥꾼을 반긴다.

양지바른 정맥 능선으로 묘지가 하나 둘 보인다. 두 번째 묘지에서 서쪽으로 방향을 틀면 발치에 횡천강이 내려다보이고, 북서방향으로 굽이치는 청룡천의 말미에 이번 구간의 도착부근인 청학동이 어슴푸레 보인다.

지리산권에 가까워질수록 높아지는 산을 오르며 땀을 두 배로 흘리고 봉우리에 올라 땀을 식힐라치면 어느새 서늘한 기운이 온몸을 감싼다. 565.2m봉 삼각점을 확인하고 길마재로 걸음을 옮긴다. 사람이 있을 것 같은 산불감시초소가 등장했다. 한데 꼭 귀신 나올 분위기다. 주변은 온갖 쓰레기로 범벅이 돼 있다.

"밥 먹고 갑시다."

"..."

"점심은 안 묵나?"

"..."

"점심 진짜 안 묵을끼가?"

"..."

"인자 삐낏다. 점심 안 묵고 오늘 지리산까지 바로 간다."

"…"

배꼽시계가 오래전부터 울었던 정맥꾼들은 송 대장에게 회유와 협박을 해보지만 대장은 묵묵부답이다. 길마재에 못미쳐 널찍한 '식사터'가 나오자 송 대장은 배낭을 푼다.

"밥 안 묵고 지리산까지 가자."

"밥 안 먹고도 더 갈 수 있다."

후발대에서 송 대장이 야속해 한마디씩 쏟아 붓는다.

3주 전 정맥을 탄데다 5일 어린이날 피곤한 하루를 보내서인지 이번 구간에 정맥꾼들의 발걸음이 무겁다. 송 대장은 출발할 때 '빨리 끝내고 청학동에 들러보자'던 계획을 수정하고 "오늘 내로 내려가겠죠 뭐"라고 걱정을 한다.

길마재에 내려서서 보이는 앞산은 790.4m봉이다. 숨 돌릴 틈이 없다. 정맥꾼마다 페이스에 맞춰 오름짓을 한다. 땀이 등줄기에서 가슴에서 계속 미끄럼을 탄다. **높은 산이 좋다고 했던가. 힘겨움도 잠시, 지리산 자락에 놓인 이름모를 봉우리들의 자태에 탄성이 절로 난다.**

이번 구간의 하이라이트 '산죽' 길 등장. 대개 800m 고지에 산죽이 많이 자란다고 한다. 고운재까지 약 3.4km가 산죽길이니 처음 산죽길을 지날 때 "꽤 낭만적이다"라고 했던 이도 나중엔 "대나무 싫어", "산죽 정말 싫어"로 점점 바뀌어 갔다.

산죽을 헤치며 정맥 능선을 밟는 정맥꾼들

구비 구비 높은 봉우리를 얼마나 넘었을까, 키높이만한 산죽과 투쟁을 얼마나 벌였을까, 송 대장이 멈춰 섰다. 870m봉도 어느새 지나버렸다.

"좀 쉬는 겁니까. 얼마나 남았죠."

"다 왔습니다."

"아까부터 1시간 남았다더니 또 1시간 남았다고 하고 이젠 대장 말 못 믿겠다."

"언제는 믿었나?"

빗방울이 듣더니만 이내 자취를 감출 무렵 정맥꾼은 지리산 상부 댐 공사가 한창인 2차선 원묵계 포장길을 만났다. 고운동계곡이다.

"지리산아. 처음 온 손님을 그리 쉽게 받아들이지 않는구나. 너한테 다가가기가 이리도 어렵단 말이냐."

하동구간을 마치고

하동구간은 지리산 모습이 어렴풋이 드러나면서 산이 점점 높아진다. 계절을 잘 맞추면 흐드러지게 핀 철쭉과 영산홍을 온 몸에 담아올 수 있는 구간이다.

배토재에서부터 완전히 하동 땅이다. 전남, 전북, 경남 3도와 남원, 구례, 산청, 하동, 함양 등 5군을 끼고 있는 지리산 내음이 하동부터 은은히 배어나온다. 배토재는 '백토', 즉 하얀 흙인 고령토가 많은 곳을 말한다. 그러나 고령토 광산이 상당수 폐광된 채 방치돼 고령토 생산은 쇠락의 길로 접어들고 있다고 한다. 무분별한 채취와 수입 고령토 때문이다. 정맥을 관광지로 삼을 경우 도요지와 도예공예 등을 테마로 버려뒀던 고령토 광산을 살리면 시장성이 있을 것이다. 하동에서 유명한 옥종 유황온천이 내려다보이는 옥산은 지리산 철쭉에 버금가는 철쭉 향연이 볼 만하다.

돌고지재를 지나 지리산 품속으로 파고드는 19구간 코스는 하동호가 내려다보이는 양이터재와 양수발전소가 들어선 고운재가 버티고 있다. 길마재를 지나 고운재까지는 산청구간에 속한다.

하동은 쌍계사, 화개장터, 악양루, 섬진강 등 유명 관광지가 많다. 정맥 관광루트 개발과 함께 기존 관광지를 연계하고 고운재에서 내려오는 길목의 하동호와 횡천장(5·10일)을 좋은 볼거리로 제공해도 좋겠다.

환경파괴 현장도 수습해야 할 문제다. 파괴된 자연을 원래 모습대로 되돌려 놓을 수는 없다. 지리산 생태계를 보존해야 한다고 아우성을 치지만 환경영향평가나 대책 마련에 과연 얼마나 시간을 투자했을지 의심스럽다.

경남도민일보 낙남정맥 종주 트레킹에 참여한 정맥꾼들이 본 정맥의 현재 모습을 후손들에게 고스란히 남겨줄 수는 있을까.

낙남정맥 트레킹 구간 지도

트레킹 19구간 [13.1km]

하동 돌고지재 - 668.7m봉 - 양이터재 - 565.2m봉 - 길마재
- 790.4m봉 - 870m봉 - 902.1m봉 - 고운재

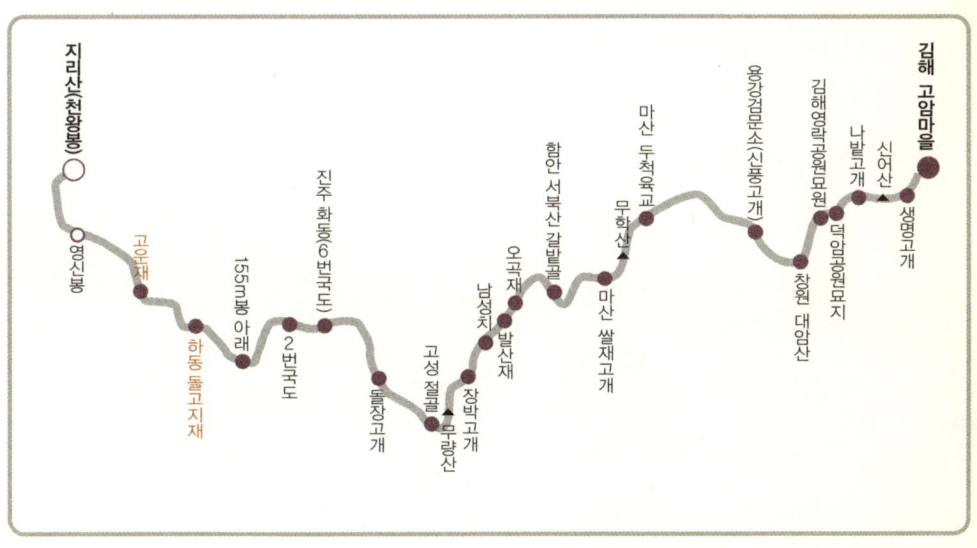

하동군 옥종불소유황천
문은호 사장

정맥도 타고 옥산에
들러 꽃도 구경하고
하산해서 온천욕을 하면
모든 피로가 가십니다

제2의 고향 하동군에서 20년간 살며 산을 사랑해온 문은호(당시 옥종불소유황천 사장) 씨.
그는 2년 전 온천을 인수하면서 온천 주변을 관광지로 개발할 수 없을까 고민하다 온천 뒤의 옥산이 아름답다는 사실을 알고 최근엔 옥산 알리기에 여념이 없다. 온천 앞에 옥산을 경유하는 등산코스 안내판을 설치

해 놓은 것도 그의 세심한 배려다. 산을 워낙 좋아해 옥산뿐 아니라 옥산 자락에 걸쳐져 있는 봉우리들을 자주 오르락내리락하는 그는 옥산 줄기의 능선이 낙남정맥임을 정맥꾼들이 달아놓은 표지기를 보고 알게 됐다.

하동 자랑을 해달라는 말에 역시 그는 하동지역 산세와 철쭉꽃이 흐드러지게 피는 옥산을 꼽았다.

"낙남정맥 오른쪽에 자리한 옥산은 철쭉이 피면 정말 아름답습니다. 정맥도 타고 옥산에 들러 꽃도 구경하고 하산해서 온천욕을 하면 모든 피로가 가십니다."

이번 구간에 정맥팀이 옥산 주변을 지난다는 소식을 듣고 직접 정맥 트레킹에 참가한 그는 하산한 정맥꾼들의 피로를 풀어주기 위해 온천욕을 주선하는 따뜻한 정도 베풀었다.

드디어 지리산 영신봉이다
지리산 구간 [20 구간]

트레킹 20구간 [11.8km]

|2001년 5월 19~20일|
고운재-묵계재-외삼신봉-삼신봉-한벗샘-음양수
-세석산장-영신봉(-연화봉-제석봉-천왕봉)

'마지막' 이란 말은 설렘과 아쉬움을 동시에 수반한다. 낙남정맥 마지막 트레킹 배낭을 꾸려놓은 전야. 내 가슴은 구름 위를 둥둥 떠다니는 기쁨과 고도가 높아지면서 다가올 고통 걱정에 반은 웃고 반은 울고 있었다.

1박 2일 여정의 20구간 참가자는 모두 20명. 대부분 그동안 동행한 정맥꾼이지만 4명은 처음 만난 이들이다. 5월 19일 오전 7시.

날씨도 쾌청하다. 모두들 들뜬 마음으로 고운재(원묵계)에 내려섰다. 오르막뿐인 마지막구간 능선을 지도에서 확인하고 묵계재로 향한다.

"거기로 올라가면 길이 없는데. 억수로 고생할낀데…."

지리산국립공원 관계자들이 순찰을 돌다가 정맥꾼이 걱정돼 내뱉은 말이다. "아이고. 걱정을 마십쇼. 그동안 걸어온 길이 얼만데. 이 정도쯤이야."

19구간 때 지겹도록 투쟁했던 산죽이 이번 구간에도 정맥꾼들을 반긴다. 초입부터 산죽이라 기가 꺾일 법하지만 정맥꾼들은 마지막이라는 생각에 산죽을 즐기며 걷는다. '낙남정맥에서나 산죽을 보지, 깔끔하게 정돈된 등산길에선 산죽 구경이나 할 수 있을까.' 뜨거운 햇살을 받으며 산죽골목을 헤치고 1시간쯤 갔을 때 정맥꾼들은 땀과 먼지로 범벅이 됐다. 커다란 헬기장이 펼쳐져있는 묵계재 마루턱에서 목을 축이고 또다시 산죽 길을 헤친다. 경사가 높아질수록 발은 무거워지고 비 오듯 쏟아지는 땀은 주체할 수가 없다.

"좀 쉬어갑시다. 선두, 뭐 이리 달아빼삐노?"

부인 강수자(46) 씨와 함께 온 이명희(53 ·공무원) 씨의 장난기 섞인 투정이 시작된다.

"우리는 술만 잔뜩 싸오고 물은 조금 싸왔더니 물이 벌써 모자라네예."

강수자 씨의 말에 모두들 배낭 속에 든 물로 오늘 하루를 버틸 지 계산하는 눈치다. 세석산장까지 가려면 아직도 시오리는 더 가야 되는데 낭패다.

시야는 초록이라 눈요기하기에 좋지만 넓게 뚫린 봉우리가 없어 확연히 드러난 지리산을 구경하기는 아직 힘들다. 외삼신봉을 '바로 몇 미터 앞에다 두고' 서늘한 기운이 감도는 바위 밑에서 점심보따리를 푼다. 힘이 드는 길이라 정맥꾼들은 자연스레 세 갈래로 나뉘었다. 방원식(49 · 회사원), 송인복(47) 씨는 아는 길이라며 진즉에 앞서갔고, 도의회팀 강성복(46 · 공무원) 씨와 이명희(53), 신윤동(49), 강정철(48) 씨가 후발대로 늦게 도착했다.

정맥꾼들은 힘들어서 밥 생각도 안 나던 지난해 8월 1구간 때 이야기를 한마디씩 꺼내며 점심과 간식, 술을 즐겼다.

"아직 갈 길이 멉니다. 술 그만 드이소."

송재득 대장의 충고다.

"삼신봉에 다 왔다아~."

이제 반쯤 왔구나 하고 내심 기뻐하는데 봉우리 정상에 오르니 외삼신봉(1288.4m)이다. 삼신봉은 아직 멀었다. 외삼신봉에 서니 영신봉과 천왕봉이 눈에 들어오고 넓고 깊은 지리산 자락들이 병풍처럼 둘러쳐져 있다. 이제 산죽의 기세는 누그러지고 빼어난 지리산 자태와 이따금씩 고사목과 금낭화, 동의나물 등 야생화가 땀을 식혀준다.

'마지막'이란 말은
설렘과 아쉬움을 동시에
수반한다.

삼신봉(1284m)은 노고단에서 천왕봉까지 지리산 35㎞ 주능선을 전부 바라볼 수 있는 곳이며, 청학동의 주산으로 형제봉으로 달려가는 남부능선의 분기점이다. 남부능선은 서쪽으로 쌍계사와 불일폭포를 안고 있다. 5만분의 1 지도에 삼신봉 다음 봉우리로 표시된 영신봉은 조급한 마음 때문인지 좀처럼 정맥꾼과 가까워지려 하지 않는다. 점점 쉬어가는 시간은 길어지고 걷는 시간은 짧다. 물이 없는 사람들이 늘면서 갑자기 초조해진다. 세석산장까지 4.5㎞라는 푯말이 보이자 더 발길이 안 떨어진다. 세 갈래로 길이 난 이정표가 보이는 곳에서 잠시 쉬다가 물을 만났다. 구세주 한벗샘(1200m). 술로 가슴을 적셨던 이들은 속이 탔는데 천만다행이다.

든든히 물을 채우고 영신봉으로 간다. 그동안의 트레킹 과정이 주마등처럼 스쳐가는 순간 갑자기 풀들이 잔디로 변하더니 '무릉도원'이 눈앞에 아른거린다. 비만 오면 물에 잠긴다는 이곳 바위틈에서 음양수가 흐른다. 음양수 뒤로 주능선을 밟아야 하건만 날이 어두워져 세석산장으로 발길을 옮기기로 했다. 아담한 세석산장에서 피곤한 정맥꾼들은 지리산의 별을 헬 낭만도 없이 깊은 잠으로 빠져들었다.

20일 오전 6시. 정맥꾼들은 낙남정맥 마지막 봉우리인 영신봉(1651.9m)에 올랐다. 산신제를 지낼 무렵 2001년 1월부터 낙남정맥을 탔다는 이학근(49·당시 한국항공우주산업(주) 사천공장 부장)씨, 정장화(46) 씨가 마침 정맥의 마지막 봉우리에 도착해 함께 제를

낙남정맥 트레킹 구간 지도

트레킹 20구간 [11.8km]
고운재-묵계재-외삼신봉-삼신봉-한벗샘-음양수
-세석산장-영신봉(-연화봉-제석봉-천왕봉)

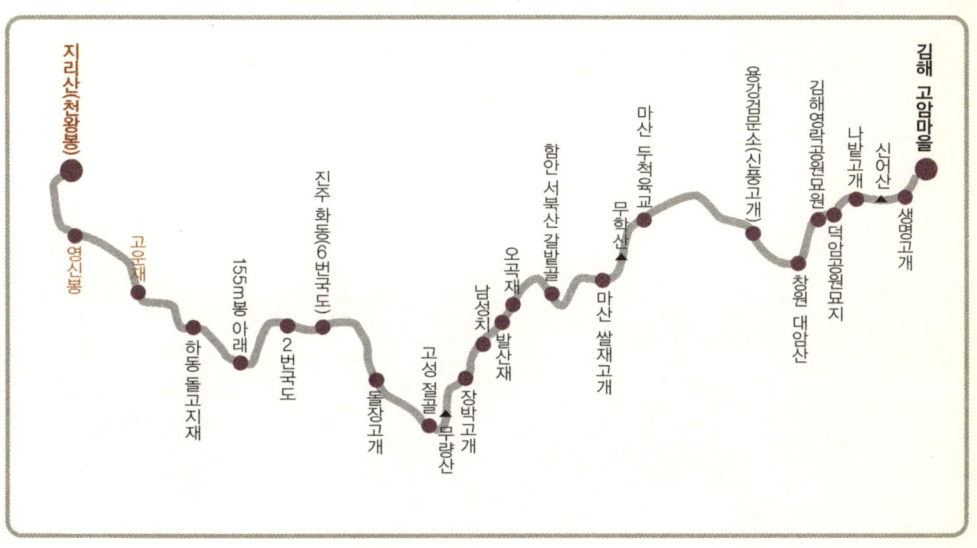

지냈다.

　햇무리가 드리워진 영신봉에서 내려다보는 낙남정맥은 길고도 험한 여정이었지만 선조들이 걸었던 산줄기를 밟았다는 생각에 가슴이 벅찼다. 트레킹 내내 가슴에 둘렀던 '경남도민일보 낙남정맥 종주' 띠에 정맥꾼 모두 이름을 새겨 영신봉 정수리 바위틈에 묻어두었다. 또다시 낙남정맥 마지막 봉우리인 영신봉을 밟을 날을 기원하면서.

"영신봉에 다 왔다아~."
그동안의 트레킹 과정이 주마등처럼
스쳐가는 순간 '무릉도원'이
눈앞에 아른거린다.

낙남정맥 종주 대장정을 마치고

셋째 걸음

낙동강변로인 김해시 대동면 덕산리 고암마을에서 시작한 낙남정맥 트레킹은 20회 동안 마지막 구간까지 동행한 고정 정맥꾼 20여 명과 함께 역사의 한 페이지를 장식하며 끝이 났다.

9개월간의 종주를 결산하며…

찢긴 우리 삶의 울타리…아직 희망은 있다

2000년, 낙남정맥은 전문 산악인들만이 정복감을 위해 또는 무조건 산이 좋아 찾던 능선이었다. 경남도민일보가 마련했던 '낙남정맥 종주 트레킹'의 가장 큰 성과는 일반인들에게 낙남정맥에 대한 관심을 불러일으킨 점이다.

낙남정맥 트레킹의 목적은 도민의 애향심 고취, 자연보호 교육, 새로운 관광산업의 개발, 신여가 형태 확립, 지구력 훈련 교육제도 도입 등이다. 트레킹이 끝난 현재 정맥꾼들에게 낙남정맥은 어떤 의미로 남아 있는가. 정맥꾼들이 눈으로 확인한 환경, 관광루트 개발 문제와 낙남정맥의 마루금을 밟으며 느낀 점, 선답자, 후답자 현황 등을 간추려본다.

구간구간마다 옛 선조들이 넘나들던 낮은 고개(재)들에 도로나 임도를 만들어 낙남 정맥을 끊어놓고 있으나 도로의 편리성에 물든 현대인들에게 정맥의 재는 하잘 것 없는 능선일 뿐이다.

관광루트 개발

　낙남정맥에 대한 느낌은 한마디로 '야생적'이다. 역사와 함께 호흡해 온, 내가 살고 있는 곳의 정취가 고스란히 묻어나기 때문이다. 이에 몇몇 정맥꾼은 낙남정맥을 관광루트로 개발하면 자연스러움이 없어진다며 반대의사를 표하기도 했다. 그러나 자신이 살고 있는 고장의 뒷산에 올라보는 정도나 청소년, 단체들의 야외체험구간으로 활용된다면 더할 나위 없이 좋은 것이 낙남정맥이다. 나아가 우리의 역사를 결부시켜 국제적 차원으로 관광 자원화해도 별 무리는 없을 듯하다.

　낙남정맥의 관광루트 개발은 그리 어렵지 않다. 낙남정맥 시작점과 마지막점을 알리는 표지석을 만드는 일이 시급하며, 각 구간마다 낙남정맥 등산로를 표시해주는 작업만으로도 적잖은 효과가 있다. 구간을 나누는 방법은 낙남정맥 능선을 밟고자 하는 사람들의 체력에 맞춰 변경해도 되나 일반적으로 우리 트레킹팀이 정했던 구간(20회)을 선택하면 조금은 힘들어도 하루 코스로 적당하다.

　1~3구간은 김해, 4~5구간은 창원, 6~7구간은 마산, 8~10구간은 함안, 11~13구간은 고성, 14~17구간은 사천, 18~19구간은 하동, 20구간은 지리산구간이므로 도와 해당 지자체, 지역 산악회에서 합심하면 얼마든지 관광 등산로로 개발할 수 있다. 마산 무학산 등산로를 소개하는 안내지도(두척육교)에만 유일하게 낙남정맥 코스

가 그려져 있어 인상적이다. 그 유명한 지리산구간 이정표 어디에도 낙남정맥이나 백두대간을 알리는 표시는 없다.

구간 정리가 된 후 낙남정맥의 의미 설명과 아울러 구간별 야생화단지, 특화된 등산로 등을 따로 지정하는 것이 바람직하다.

낙남정맥 구간에 지천으로 피어있는 야생화

지리산 영신봉에서
낙남정맥 대장정 마쳐

낙남정맥 마지막 봉우리인 영신봉에서 정맥 종주를 마무리하며 고사를 지내는 정맥꾼들.

'낙남정맥 만세! 지리산 만세! 정맥꾼 만세!'

경남도민일보 낙남정맥 종주 트레킹팀이 20일 정맥 마지막 봉우리인 지리산 영신봉에 올라 9개월 여정의 낙남정맥 대장정을 무사히 마친 감격에 흥분을 감추지 못했다.

지난 2000년 8월 6일 낙동강변로인 김해시 대동면 덕산리 고암마을에서 시작한 낙남정맥 트레킹은 20회 동안 마지막구간까지 동행한 고정 정맥꾼 20여 명과 함께 역사의 한 페이지를 장식하며 끝이 났다.

정맥꾼들은 경남에서 시작해 경남에서 끝나는 유일한 정맥인 낙남정맥을 중심으로 경남의 문화가 확연히 구분되고 정맥에서 뻗어내린 물줄기를 따라 역사가 숨쉬고 있는 것을 직접 보고 확인했다. 김해, 창원, 마산, 함안, 고성, 사천, 하동 등 도내 주요 지역을 지나며 만난 정맥에 사는 사람과의 정겨운 얘기와 정맥꾼들과의 뜨거운 정은 인생의 굵직한 추억으로 남게 됐다. 그러나 트레킹팀은 정맥이 얼마나 무관심하게 방치돼 있는지, 호흡곤란을 겪고 있는 정맥을 뚫어줄 뚜렷한 방안이 무엇인지 찾지 못한 채 미완성의 '들뜸' 만으로 영신봉에 서 있어야 했다.

낙남정맥은 일제에 의해 용도 폐기된 백두대간의 막내 줄기다. 나라 땅을 있는 모습 그대로 파악한 지형적 개념의 지리인식이 국가의 공인개념으로 확고했던 1900년 이전까지 엄존했던 우리 고장의 산줄기인 것이다. 1986년 『산경표를 위하여』가 발표되면서 태백산맥 대신 백두대간을 사용하는 움직임이 일었으며 정맥꾼들을 중심으로 최근에서야 백두대간 살리기가 진행되고 있다. 낙남정맥의 경우 선답자들은 많았으나 정식으로 정맥 살리는 운동은 전개하지 못하고 있는 상태다.

정맥꾼들은 영신봉 정상에서 그동안 걸어온 정맥 능선을 내려다보며 이번을 계기로 구간마다 트레킹 코스 개발뿐 아니라 친환경적 차원에서 낙남정맥을 보존하고 일반인에게 널리 알릴 수 있는 기회가 되기를 간절히 바랐다.

왼쪽 두번째부터 이수경(현 경남도민일보 문화생활부 부장)·황원호(전 경남도민일보 기자)·김석봉(전 경남도민일보 사진기자)·송재득(낙남정맥 종주 트레킹 가이드) 씨 등 필수정맥꾼 4명과 정학구(현 연합뉴스 경남지사 차장, 맨 왼쪽) 씨.

정맥꾼의 말.말.말

"다른 기획 또 만들어주세요"

경남도민일보 낙남정맥 트레킹에 참가한 정맥꾼의 평균연령은 44세였다. 20구간의 경우 20명 중 15명이 정맥을 꾸준히 탔던 이들이며, 40대가 13명으로 가장 많고 30대가 5명, 50대가 2명이다. 무사히 종주를 끝내고 돌아오는 버스 안에서 간이 좌담회를 가졌다. 정맥꾼들이 풀어놓은 낙남정맥에 대한 감회들을 엮어본다.

이준화 낙남정맥 종주 후 37세로 젊어졌다. 맺은 인연 헛되이 두지 말고 다른 프로그램 기획해 만났으면.

이명희 야산의 모습, 적막한 자연의 길 상쾌했고 야생화 보며 즐거웠다. 경남도민일보와 송 대장에게 감사한다.

신윤동 어릴 적부터 고향 산에 올라 산의 위쪽, 계곡의 원류는 어딘지 궁금했다. 난을 찾아 산을 돌아다니다 낙남정맥이 있다는 걸 알고 참여했다. 지리산 음양수를 먹으며 샘은 흘러 어디로 가는지 궁금했다. 이젠 물이 흘러가는 계곡을 따라가고 싶다.

방원식 중간에 참여해 안 밟은 구간 다시 밟고 있다. 산행대장에게 한 수 배웠다. 진심으로 감사한다.

강정철 『산경표를 위하여』라는 책을 본 뒤 지역 산들에 올라보고 싶었다. 참여하지 않았던 2구간 마저 종주할 생각. 정맥꾼들 종종 만나서 소주 한 잔 할 기회 가졌으면.

박필선 산에 대한 관심 깊지 않았으나 남편 따라 참가하게 됐다. 힘들었어도 하면 된다는 생각이 든다. 한 형제 같은 정맥꾼들이 고맙다.

송인복 경남도민일보 낙남정맥 종주 얘기 듣고 인터넷에서 체크하다 마지막 구간에 처음 참여했다. 동행하고 있는 열린산악회를 통해 낙남정맥을 또 알리겠다.

마지막 20구간에 오르기 전 고운재에서 정맥꾼들의 모습을 담았다.

정영오 낙남정맥 유무도 몰랐고 경남도민일보 구독도 안했다. 우연히 기사보고 참여했는데 고장의 모습 좌우로 쳐다보며 우리 산하, 정맥의 좋은 점을 뼈저리게 느꼈다. 낙남정맥을 되살리는 계기가 됐으면 좋겠고 도민들에게 정맥 트레킹을 권유하고 싶다.

강수자 길이 너무 원시적이라서 맘에 들었고 비나 눈이 올 때의 산행 묘미도 알게 됐다. 그리고 지리산은 역시 지리산다웠다.

강성복 정돈된 등산로만 다녀봤지 정맥처럼 길 없는 곳은 처음이다. 산죽 길 지나며 재미있었다. 경남도민일보가 아주 좋은 기획을 마련했다.

최성만 첫 구간과 마지막 구간 두 번 참여했으니 정맥을 다 밟은 셈이다. 중간 중간 동행했으면 서로 도움 주고받았을텐데 죄송하다.

박종수 정맥을 밟으며 산에 대한 경외감 느꼈고 마음 가다듬는 계기 마련했다. 생각보다 훨씬 더 훼손된 정맥 보니 친환경적 도시 개발 아쉽다. 최고 성과는 정맥꾼과의 좋은 인연.

지현철 정맥을 타니 "산은 산이요 물은 물이요"라고 한 성철스님 생각이 난다. 정맥꾼들의 인연 이어 '뉴질랜드 종주 트레킹' 기획해주었으면.

정학구 낙남정맥이 왜 중요한지 모르는 이들 많다. 좁은 한반도에 일본의 잔재가 뿌리 박혀있음을 알리는 기회 되길. 개성 있고 멋있는 정맥꾼들을 알게 돼 기쁘다.

송재득 아무 준비 없이 시작한 정맥 트레킹을 정맥꾼들 덕분에 무사히 마쳤다. 기회가 되면 백두대간 종주에 도전할 계획.